全国职业院校汽车类专业新形态工作手册式教材
全国技工院校汽车类专业工学一体化教材

汽车性能检测

中德诺浩汽车职业教育研究院　组织编写
主编　吕丕华

中国劳动社会保障出版社

内容简介

本书是全国职业院校汽车类专业新形态工作手册式教材 / 全国技工院校汽车类专业工学一体化教材，由中德诺浩汽车职业教育研究院组织开发。全书共包含 3 个学习情境、17 个学习任务，内容涵盖汽车外观与底盘检查、汽车制动性能检测与调试、汽车侧滑性能检测与调试、汽车悬架性能检测、汽车灯光性能检测与调整、发动机燃油系统检测、发动机点火系统检测、发动机气缸密封性检测、发动机润滑系统压力检测、发动机冷却系统密封性检测、汽车排放性能检测与分析等内容。

本书可作为全国职业院校与技工院校汽车类专业教学用书，也可作为汽车售后服务企业相关技术人员与社会人士培训参考用书。

本套教材由吕丕华主编，本书由许智达编写。

图书在版编目（CIP）数据

汽车性能检测 / 吕丕华主编. -- 北京：中国劳动社会保障出版社，2023

全国职业院校汽车类专业新形态工作手册式教材　全国技工院校汽车类专业工学一体化教材

ISBN 978-7-5167-5873-1

Ⅰ. ①汽…　Ⅱ. ①吕…　Ⅲ. ①汽车 – 性能检测 – 职业教育 – 教材　Ⅳ. ①U472.9

中国国家版本馆 CIP 数据核字（2023）第 090591 号

中国劳动社会保障出版社出版发行

（北京市惠新东街 1 号　邮政编码：100029）

*

三河市华骏印务包装有限公司印刷装订　　新华书店经销

880 毫米 × 1230 毫米　16 开本　6 印张　144 千字

2023 年 6 月第 1 版　　2025 年 11 月第 2 次印刷

定价：19.00 元

营销中心电话：400-606-6496

出版社网址：http://www.class.com.cn

http://jg.class.com.cn

当前，我国正在加快实施“中国制造 2025”计划，处于由制造大国向制造强国、由人力资源大国向人力资源强国发展的重要时期，党和国家为此制定了一系列科教兴国、人才强国的战略措施。

在人才队伍中，工作在生产一线的技能型人才是重要基础。高素质技能型人才队伍是推动经济社会发展的重要保障，职业教育是培养高素质技能型人才的主要渠道。尽管世界各国国情不同，发展职业教育的条件、政策和具体措施各异，但无论发达国家还是新兴工业化国家，均普遍重视职业教育在培养高素质技能型人才中的重要作用，把发展职业教育作为人力资源开发、振兴经济、增强国力的战略选择。

德国的职业教育水平处于世界领先地位。德国经济在世界金融危机中之所以依然稳健发展，与其因职业教育发达而拥有大量的高素质技能型人才是分不开的。完备的法律制度和各方面的高度重视，为德国的职业教育发展提供了有力保障。德国的双元制职业教育制度将劳动人事制度与教育制度有机地结合在一起。学校和企业都是培养人才的主体，并承担相应责任，学校和企业的教学计划、形式和内容虽各有侧重，但又相互联系，且均以工作任务为教学载体，将技能学习和训练、理论学习和运用有机结合，充分发挥学生在教学中的主体作用，着力培养学生承担社会责任的能力、独立发现和解决问题的能力、在实践中自主学习的能力。

改革开放以来，我国在借鉴国外先进职业教育经验方面取得了可喜成就。我国职业教育的对外交流与合作就是从借鉴和学习德国经验开始的，中德诺浩（北京）教育投资股份有限公司为此做了积极而有效的探索。

长期以来，该公司致力于引进德国的汽车职业教育资源，与德国手工业协会合作，在国内与以德国品牌为主的汽车合资企业和各类职业院校共同开展教育工作。经过多年的探索，结合我国国情，该公司成功地

引进德国汽车职业教育的课程体系、教学素材和教学方法，并结合互联网手段进行了全方位本土化，在此基础上与 300 多所职业院校联手，为我国汽车维修企业培养了大批优秀人才。与此同时，该公司组织中德两国的汽车技术专家、经验丰富的维修技师和职业教育专家，共同编写了职业院校汽车类专业新形态工作手册式教材。这套教材以培养高技能人才为目标，内容选自实际操作，既“原汁原味”地吸纳了德国经验，又结合我国实际情况充实了教学内容，推动我国汽车维修技能型人才的培养与世界接轨。我期待其在我国培养国际标准汽车高技能人才方面发挥出重要作用，在中国由汽车大国向汽车强国迈进的征程中做出应有的贡献。

唐天标

（本序作者系第十一届全国人大常委会委员、第十一届全国人大教科文卫委员会副主任委员，原中国人民解放军总政治部副主任，上将军衔）

前言

职业教育是国民教育体系和人力资源开发的重要组成部分，肩负着培养多样化人才、传承技术技能、促进就业创业的重要职责。随着新型工业化的推进和科学技术的发展，现代职业教育体系越来越成为国家竞争力的重要支撑。为贯彻落实全国职业教育大会精神，推动现代职业教育高质量发展，加快构建现代职业教育体系，建设技能型社会，弘扬工匠精神，培养更多高素质技术技能人才、能工巧匠、大国工匠，满足我国汽车产业迅猛发展对高端技术技能型汽车人才的需求，中德诺浩在总结多年来将德国汽车职业教育中国本土化经验的基础上，编写了这套职业院校汽车类专业新形态工作手册式教材。

本套教材将理论基础和实践应用有机结合，在引领学生学习汽车专业知识的同时培养学生实际操作技能，具有以下特点：

（1）以企业一线任务为引导，将理论知识与实践技能进行完美结合。

（2）集图、文、声、像于一体，为学生提供多种形式的学习素材。

（3）采用四色印刷，版面简洁清晰、主题明确、色彩清新。

（4）本套教材配有丰富的数字化教学资源，学生可通过扫描每本书专属的封面二维码进行浏览和自学。

本套教材由中德诺浩汽车职业教育研究院组织编写，编写方式充分发挥了学生的主体地位，优化了课堂设计，便于调动学生的学习积极性和主动性，还可培养学生的创新意识和创新能力。

本套教材是职业院校汽车类专业核心课程教材，同时也可供从事汽车研究、设计、制造、使用和维修的工程技术人员学习和参考。

由于时间紧、任务重，本书内容难免有不恰当和错误之处，敬请广大读者批评指正！

编者

2022 年 10 月

目录
CONTENTS

情境一

汽车底盘与灯光性能检测

任务一　汽车外观与底盘检查

<table>
<tr><th colspan="7">汽车外观与底盘检查任务工单</th></tr>
<tr><td>客户信息</td><td>姓名</td><td colspan="2"></td><td>电话</td><td colspan="2"></td></tr>
<tr><td rowspan="5">车辆信息</td><td colspan="2">车牌号码</td><td colspan="2">VIN 码</td><td colspan="2">行驶里程</td></tr>
<tr><td colspan="2"></td><td colspan="2"></td><td colspan="2"></td></tr>
<tr><td colspan="3">发动机型号</td><td colspan="3">生产日期</td></tr>
<tr><td colspan="3"></td><td colspan="3"></td></tr>
<tr><td colspan="6">车辆类型：小型客车 □　中型客车 □　大型客车 □　小型货车 □　大型货车 □　牵引车 □</td></tr>
<tr><td rowspan="2">检查项目</td><td colspan="6">汽车外观与底盘检查 □　汽车底盘四合一（制动、跑偏、悬架、轴重）综合检测 □
汽车发动机性能检测 □　汽车排放系统检测 □　汽车灯光检测 □</td></tr>
<tr><td colspan="6">具体描述：</td></tr>
<tr><td>任务目标</td><td colspan="6">● 能够对上线车辆进行外观与底盘的基本检查
● 能够根据相关法律法规对车辆外观与底盘检查结果给出具体的处理建议</td></tr>
<tr><td>任务内容</td><td colspan="6">● 汽车安全检查的必要性
● 汽车安全检查的内容及途径
● 汽车安全检查的流程
● 汽车外观与底盘检查的内容</td></tr>
<tr><td>任务重点</td><td colspan="6">● 汽车安全检查的内容及途径
● 汽车安全检查的流程
● 汽车外观与底盘检查的内容</td></tr>
<tr><td>任务难点</td><td colspan="6">● 汽车安全检查的内容及途径
● 汽车安全检查的流程
● 汽车外观与底盘检查的内容</td></tr>
</table>

一、知识讲解

（一）汽车安全检查的必要性

《中华人民共和国道路交通安全法》第十三条规定：对登记后上道路行驶的机动车，应当依照法律、行政法规的规定，根据车辆用途、载客载货数量、使用年限等不同情况，定期进行安全技术检验。

对提供机动车行驶证和机动车第三者责任强制保险单的，机动车安全技术检验机构应当予以检验，任何单位不得附加其他条件。对符合机动车国家安全技术标准的，公安机关交通管理部门应当发给检验合格标志。

（二）汽车安全检查的内容

根据《机动车运行安全技术条件》（GB 7258—2017），汽车安全检查的主要内容包括车辆整车标志、外廓尺寸、发动机、转向系统、制动系统、行驶系统、传动系统、安全防护装置以及照明、信号装置和其他电气设备的检查等。

（三）汽车安全检查的途径

检测站是实现车辆安全技术检查的专属机构，通过检测线来实现车辆安全技术的快速检查。根据服务类型的不同，检测站可分为安全检测站、维修检测站和综合检测站。

安全检测站根据国家相关法律、法规的规定，定期检查车辆中与安全和环保有关的项目，保证车辆安全行驶，并将污染降低到允许的限度。安全检测站给出的检测结果只有“合格”和“不合格”两种。

维修检测站主要从车辆使用和维修的角度，对车辆维修前、后的技术状况进行检测。它能检测车辆的主要使用性能，并进行故障分析与诊断。

综合检测站既能进行车辆的安全和环保检测，又能负责车辆使用、维修企业的技术状况诊断，还能承接科研或教学方面的性能试验和参数测试。

当检测站对车辆进行安全检查时，只需根据检测线上的指示牌，按照要求进入相应检测工位，进行相应的车辆操作（如制动、打开车灯）即可完成车辆检测。具体检测项目根据检测线的功能不同而有所区别。综合检测站一般设有综合检测线和安全环保检测线，如图 1–1 所示。

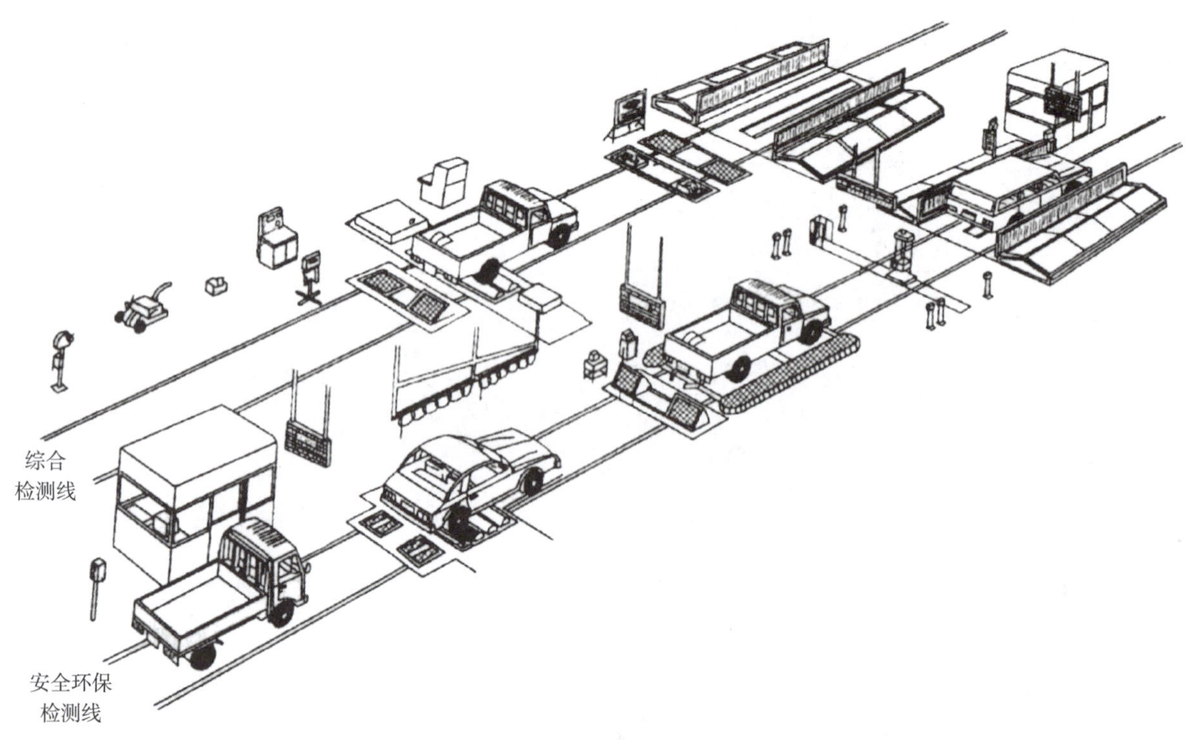

图 1–1　综合检测站

（四）汽车安全检查的流程

汽车安全检查的主要步骤包括车辆登记、车辆唯一性确认、外观与底盘检查、检测线检测、审核、签章等，如图 1-2 所示。

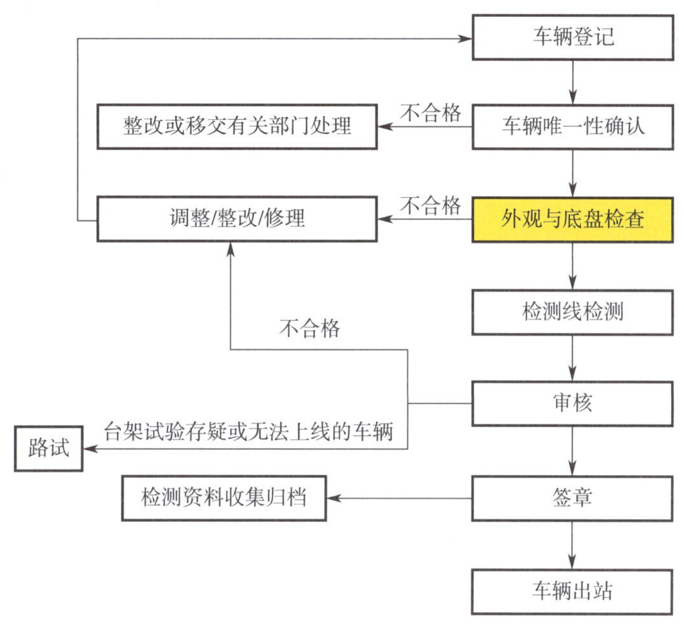

图 1-2 汽车安全检查流程

车辆登记：对车辆信息进行录入，输入车辆信息及相关参数。

车辆唯一性确认：检查车辆行驶证信息并与车身上的底盘号进行核对，确定车辆的唯一性和合法性。

外观与底盘检查：对将要入检的车辆进行外观与底盘的基本检查，确定车辆无非法改装情况和影响安全驾驶的因素。

检测线检测：利用检测线对车辆进行安全技术检测，得出检测结果。

审核：根据检测线检测结果判定车辆是否符合安全技术要求。

签章：对安全技术检测达到要求的车辆进行签章并发放具有法律效力的车检合格标志。

（五）汽车外观与底盘检查的内容

汽车外观与底盘检查的主要内容包括车身外观检查、照明和信号装置检查、发动机舱及驾驶区检查、发动机运转情况检查和底盘检查等几部分。

这些基本检查的主要目的是初步判断车辆有无非法改装或其他违反《中华人民共和国道路交通安全法》的情况。

二、任务准备

在下列图片中勾选出完成本任务所需的工具、仪器、设备等。

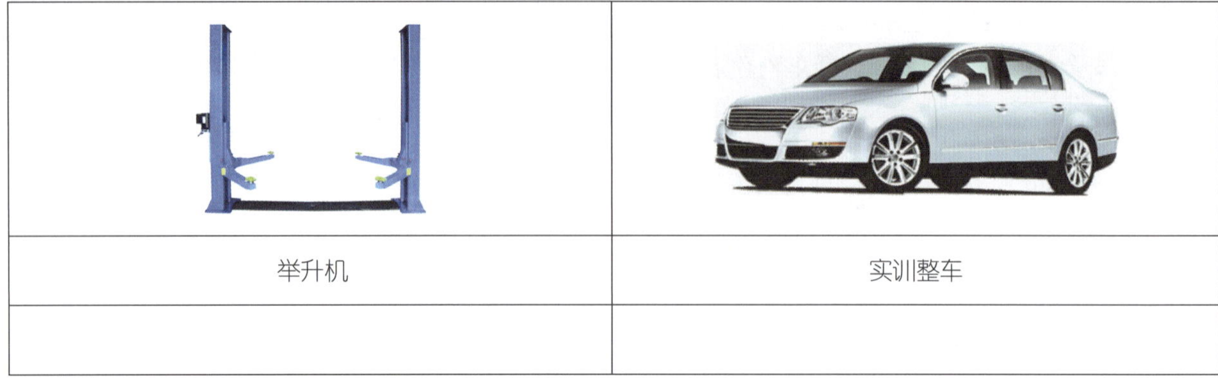

举升机	实训整车

三、防护措施

1. 进入车间应穿工作服、工作鞋、戴工作帽；工作服应整洁、无破损；操作时不可佩戴手表等金属饰品，以防划伤车辆表面。

2. 举升车辆时应严格按照举升机使用方法进行操作，并通知其他人员远离举升设备。

3. 如需启动车辆，启动前应确保车辆挂空挡，驻车制动器处于驻车状态，车辆前后无其他人员站立。

识别下列三幅车间操作图片，勾选出操作正确的图片。

四、任务分配（见表 1-1）

表 1-1　任务分配表

职务	代码	姓名	工作内容
组长			
组员			

五、任务实施

（一）操作步骤（见表 1-2）

表 1-2 操作步骤

项目	操作步骤
车身外观检查	1. 检查车身表面覆盖件及前、后保险杠是否完整、整洁，车身表面有无毛刺、尖锐物等 2. 检查车身外部喷涂与文字标志，标识和车身广告不应超过车身面积的 30% 3. 检查全车车窗、天窗、内视镜及后视镜玻璃，应完整且无明显破损 4. 检查前、后车辆号牌，应固定牢固、无遮挡、清晰可见
照明和信号装置检查	1. 打开车辆前照灯和雾灯，按下危险警报灯开关，将车辆挂 R 挡 2. 检查车辆前位灯、前照灯、前转向信号灯、前雾灯是否正常 3. 检查车辆后位灯、后转向信号灯、倒车灯、后雾灯、牌照灯是否正常 4. 检查远、近光切换功能是否正常，喇叭是否正常，制动灯是否正常
发动机舱及驾驶区检查	1. 打开发动机舱盖，检查发动机舱各系统部件，应固定牢固，表面应整洁且无明显油液渗漏，各油液液面应正常，油液应清澈、透明、无漂浮物 2. 检查蓄电池接线柱，应固定牢固且无锈蚀，各导线线束的包扎固定应到位，无裸露线束接头或电线，检查完毕后关闭发动机舱盖 3. 检查所有车门门锁及铰链，应活动自如，车内应干净整洁，前排座椅调节功能应正常，各个仪表指示应正常 4. 检查安全带，应能正常锁紧，安全带锁扣、锁舌功能应正常，锁扣内不得安装代替锁舌装置 5. 检查车辆雨刮的刮水与洗涤功能是否正常，仪表各指针与指示灯应工作正常，无故障指示灯点亮 6. 检查前风窗玻璃及其他驾驶员视野范围内的玻璃，应无遮挡物，未使用深颜色的贴膜
发动机运转情况检查	1. 检查发动机启动性能，发动机应能在 5 s 内顺利启动（连续 3 次启动失败，则需排除故障后再进行检测） 2. 发动机启动后，应有明显的暖机怠速，仪表充电指示灯、机油压力报警灯应正常熄灭 3. 启动后，踩动加速踏板，发动机转速应及时、准确地对加速踏板做出响应
底盘检查	1. 检查车辆四个轮胎的规格和型号是否相同，胎压应符合厂家要求，轮胎表面应无破损、裂纹，花纹深度不应低于磨损极限 2. 检查车辆悬架系统阻尼器，应无明显油液渗漏，悬架各连接点胶套应完好、无龟裂或破损，摆臂应无变形裂纹，车桥应无明显位移 3. 目视检查底盘传动系统，应无明显机械损伤，无油液渗漏，半轴胶套应无破损，半轴应无松旷现象 4. 目视检查制动油管，应无机械损伤与变形，制动软管应无龟裂、老化现象，各制动分泵应无油液渗漏现象 5. 检查发动机排气管，应固定牢靠，无腐蚀、泄漏现象

（二）实施记录

结合任务实施过程，对照表 1-3 中的项目进行检查，勾选或填写实际检查结果。

表 1-3　实施记录

项目	检查结果	备注
车身外观检查	▼有广告喷涂 □ ▲有尖锐毛刺 □ ◆有玻璃损伤 □ ●车辆号牌异常 □	
照明和信号装置检查	灯泡不亮 □　灯壳破裂 □　车灯进水 □　需加装车灯 □	
发动机舱检查	线束裸露 □　蓄电池异常 □　油液渗漏 □	
驾驶区检查	门锁和铰链异常 □　座椅与安全带异常 □ 仪表与指示灯异常 □　其他异常 □	
发动机运转情况检查	启动困难 □　暖机怠速异常 □　指示灯异常 □ 加速性能异常 □	
底盘检查	轮胎异常 □　悬架异常 □　车桥异常 □　传动系统异常 □ 制动异常 □　排气管异常 □	

六、课堂小结

任务二　汽车制动性能检测与调试

汽车制动性能检测与调试任务工单					
客户信息	姓名		电话		
车辆信息	车牌号码		VIN 码		行驶里程
	发动机型号		生产日期		
	车辆类型：小型客车 □　中型客车 □　大型客车 □　小型货车 □　大型货车 □　牵引车 □				
检查项目	汽车外观与底盘检查 □　汽车底盘四合一（制动、跑偏、悬架、轴重）综合检测 □ 汽车发动机性能检测 □　汽车排放系统检测 □　汽车灯光检测 □				
	具体描述：				
任务目标	● 能够正确使用底盘四合一综合检测线对汽车的制动系统进行检测 ● 能够对制动系统检测结果进行判定，确定是否合格 ● 能够对制动系统检测为不合格的项目进行维修和调整，使制动性能达到合格标准				
任务内容	● 制动系统的检测内容和检测方法 ● 底盘四合一综合检测线的组成和功能 ● 底盘四合一综合检测线检测制动性能的方法 ● 制动系统检测数据说明和结果分析				
任务重点	● 底盘四合一综合检测线的组成和功能 ● 底盘四合一综合检测线检测制动性能的方法 ● 制动系统检测数据说明和结果分析				
任务难点	● 底盘四合一综合检测线检测制动性能的方法 ● 制动系统检测数据说明和结果分析				

一、知识讲解 1

（一）制动系统的检测内容和检测方法

1. 制动系统的检测内容

制动系统的检测内容主要是检测车辆的制动距离是否符合要求，以及有无制动跑偏现象。

制动距离是指从踩下制动踏板时起到车辆完全停止时车辆所行驶的距离，制动距离越短说明制动性能越好。

在制动过程中车辆发生偏移，即偏离原来的直线行驶轨迹的现象，称为制动跑偏。

2. 制动系统的检测方法

制动性能检测方法主要有两种。一种是路试法，具体方法是使被测车辆以一定的初始速度沿直线行驶，然后驾驶员猛然踩下制动踏板，根据制动痕迹或定点计算制动距离的方式获得车辆制动性能相关数据。此种方法操作简单，但数据误差较大。除此之外，安全检测站主要通过底盘四合一综合检测线中的制动检测功能对车辆的制动性能进行检测，利用底盘四合一综合检测线既可以单独对车辆制动系统进行检测，又可以与底盘其他性能一起检测。

（二）底盘四合一综合检测线的组成和功能

底盘四合一综合检测线是由侧滑检测台、轴重及悬架检测台和制动复合检测台组成的综合性检测设备，可以通过流水线方式一次性对车辆完成侧滑、前后轴重、悬架、制动性能的检测，也可以根据需求对以上车辆底盘功能中的某一项进行单独检测。

（三）底盘四合一综合检测线检测制动性能的方法

1. 将车辆驾驶至底盘四合一综合检测线前方，打开检测线，录入相关数据。
2. 根据检测线提示对车辆进行前轮制动力检测。
3. 根据检测线提示对车辆进行后轮及驻车制动力检测。
4. 打印或记录检测结果并关机。

二、任务准备

在下列图片中勾选出完成本任务所需的工具、仪器、设备等。

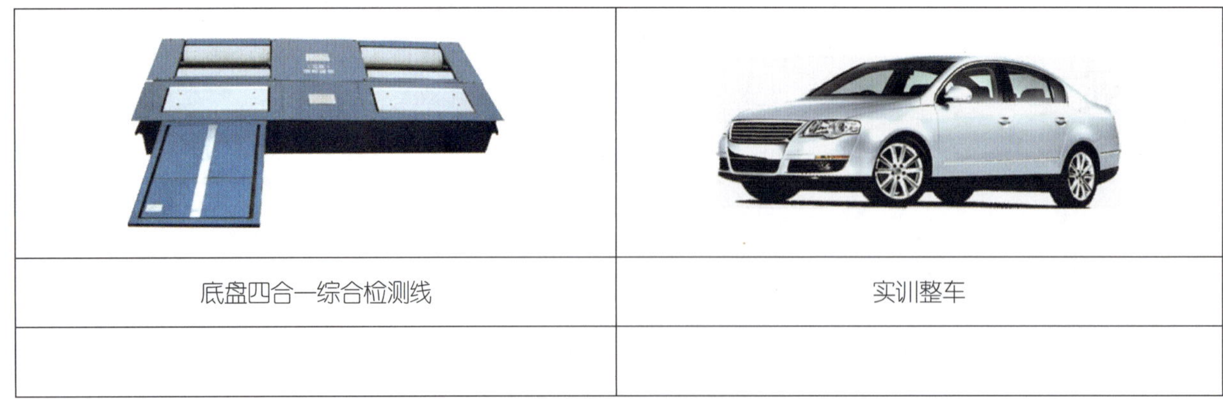

底盘四合一综合检测线	实训整车

三、防护措施

1. 进行车辆制动系统检测时，应有指导教师在场，并听从指导教师安排。
2. 进行车辆制动系统检测时，应保证车辆前方和后方无人员站立和物品摆放。
3. 进入检测线制动检测工位时，应确保车辆与检测线方向一致，车身无明显倾斜。

四、任务分配（见表 2-1）

表 2-1 任务分配表

职务	代码	姓名	工作内容
组长			
组员			

五、任务实施

（一）操作步骤（见表 2-2）

表 2-2 操作步骤

项目	操作步骤
准备工作	1. 将车辆停放在底盘四合一综合检测线前方，使车辆方向与检测线方向一致 2. 打开底盘四合一综合检测线电源与控制计算机 3. 录入车辆数据及相关参数，选择检测项目并开始检测
行车制动力检测	1. 根据控制计算机画面提示，将车辆前轮移至轴重及悬架检测台 2. 根据控制计算机画面提示，将车辆前轮移至制动检测工位 3. 根据控制计算机画面提示，踏下制动踏板 4. 根据控制计算机画面提示，释放制动踏板 5. 根据控制计算机画面提示，继续完成后轮轴重测量及制动力检测
驻车制动力检测及数据记录	1. 根据控制计算机画面提示，拉紧驻车制动手柄 2. 根据控制计算机画面提示，释放驻车制动手柄 3. 查看检测结果并记录或打印检测数据

（二）实施记录

结合任务实施过程，对照表 2-3 中的项目进行检查，填写实际检查结果。

表 2-3 实施记录

检查内容	检查结果	评价
整车行车制动率	________%	
前轴行车制动率	________%	
后轴行车制动率	________%	
前、后轴行车制动率分配比	________% ________%	

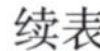
续表

检查内容	检查结果	评价
驻车制动率	________%	
制动协调时间	________s	
一轴制动力平衡	左________N　右________N　差________%	
二轴制动力平衡	左________N　右________N　差________%	
一轴车轮阻滞力	左________N　右________N	
二轴车轮阻滞力	左________N　右________N	

六、知识讲解 2

（一）制动系统检测数据说明

整车行车制动率：各车轮最大制动力之和 / 各轴静态轴荷之和 ×100%，标准值为大于等于 60%。

前轴行车制动率：前轴左、右车轮最大制动力之和 / 前轴静态轴荷 ×100%，标准值为大于等于 60%。

后轴行车制动率：后轴左、右车轮最大制动力之和 / 后轴静态轴荷 ×100%，标准值为大于等于 20%。

前、后轴行车制动率分配比：前轴行车制动率 / 后轴行车制动率。

驻车制动率：驻车制动力（左、右制动力之和）/ 各轴静态轴荷之和 ×100%，驻车制动力之和应大于或等于试验状态下整车重量的 20%。

制动协调时间：在急踩制动踏板时，从制动踏板开始动作时起至机动车制动力达到规定的机动车充分发出的平均制动力的 75% 时所需要的时间。采用液压制动的车辆，要求制动协调时间不大于 0.35 s。

制动力平衡：制动时同轴左、右两个制动轮的制动力之差。若差值较大则可能在制动时产生制动跑偏。

车轮阻滞力：当行车和驻车制动装置处于完全释放状态且变速器置于空挡位置时的车轮阻力。各车轮的阻滞力不得大于该轴轴荷的 5%。此数据主要用于检测车辆行车过程中有无制动拖滞等故障。

（二）制动系统检测结果分析

由于检测过程中操作失误导致多数数据不合格时，可重新进行检测。当检测结果表明制动率不合格时，应重点检查制动液压管路中是否存在空气、轮胎磨损是否到达极限、制动系统是否存在泄漏等问题。

当检测出同轴左、右车轮制动力不平衡时，应重点检查同轴左、右车轮制动片磨损程度、有无烧蚀、制动盘（鼓）表面有无油渍、制动管路有无弯折或泄漏等现象。

当检测出左、右车轮阻滞力不合格时，应拆检制动系统制动片并检测制动盘表面有无烧蚀、粘连现象，检查制动盘端面圆跳动是否正常，检查制动轮缸是否能正常回位，必要时更换制动盘、制动片和制动轮缸。

若检测表明制动协调时间超限，则原因可能是制动系统进入空气或制动伺服机构出现问题。

若多项制动率检测结果同时出现问题，则原因可能是制动主缸损坏。

七、二次实施

结合检测结果对车辆制动系统进行检查或调整，并将检查结果填入表 2-4 中。

表 2-4 实施记录

检测内容	检测结果	备注
制动油液检查	正常 □ 泄漏（备注中说明泄漏点）□ 添加后正常 □	
制动系统气阻检查	正常 □ 存在空气（已排除）□	
制动管路检查	正常 □ 弯折 □ 堵塞 □ 泄漏 □	
制动器检查	正常 □ 制动不回位 □ 制动盘（鼓）磨损 □ 油污 □ 其他情况 □	

八、课堂小结

____

____

____

任务三　汽车侧滑性能检测与调试

<table>
<tr><th colspan="6">汽车侧滑性能检测与调试任务工单</th></tr>
<tr><td>客户信息</td><td>姓名</td><td colspan="2"></td><td>电话</td><td></td></tr>
<tr><td rowspan="5">车辆信息</td><td colspan="2">车牌号码</td><td colspan="2">VIN 码</td><td>行驶里程</td></tr>
<tr><td colspan="2"></td><td colspan="2"></td><td></td></tr>
<tr><td colspan="3">发动机型号</td><td colspan="2">生产日期</td></tr>
<tr><td colspan="3"></td><td colspan="2"></td></tr>
<tr><td colspan="5">车辆类型：小型客车 □　中型客车 □　大型客车 □　小型货车 □　大型货车 □　牵引车 □</td></tr>
<tr><td rowspan="2">检查项目</td><td colspan="5">汽车外观与底盘检查 □　汽车底盘四合一（制动、跑偏、悬架、轴重）综合检测 □
汽车发动机性能检测 □　汽车排放系统检测 □　汽车灯光检测 □</td></tr>
<tr><td colspan="5">具体描述：</td></tr>
</table>

任务目标

- 能够使用底盘四合一综合检测线对汽车进行侧滑检测
- 能够对侧滑检测不合格的汽车进行正确调整

任务内容

- 汽车侧滑的概念及检测方法
- 影响汽车侧滑的因素
- 汽车侧滑检测结果分析与消除侧滑的方法

任务重点

- 汽车侧滑的检测方法
- 影响汽车侧滑的因素
- 汽车侧滑检测结果分析与消除侧滑的方法

任务难点

- 汽车侧滑的检测方法
- 影响车辆汽车的因素
- 汽车侧滑检测结果分析与消除侧滑的方法

一、知识讲解

（一）汽车侧滑的概念及检测方法

汽车侧滑是指车辆在保持直行方向不变的行驶过程中，产生向左或向右偏移的现象。它反映的是汽车直线行驶的稳定性。

汽车侧滑检测可通过底盘四合一综合检测线的侧滑检测台完成。根据结构的不同，侧滑检测台可分为单边侧滑检测台和双边侧滑检测台。底盘四合一综合检测线采用的大多为单边侧滑检测台。检测时，将车辆以 5 ~ 10 km/h 的速度匀速驶过检测台滑板，然后读取测量结果。

根据《机动车运行安全技术条件》（GB 7258—2017）中的有关规定，汽车转向轮的横向侧滑量应小于或等于 5 m/km。

（二）影响汽车侧滑的因素

通常情况下，汽车产生侧滑的主要原因是车轮前束和外倾角不匹配，外倾角产生的侧向力和前束产生的侧向力不平衡。能够影响车轮前束和外倾角的主要因素有以下几个方面。

轮胎：实践证明，轮胎对侧滑的影响极大。左、右轮胎的胎面花纹不同，左、右轮胎气压不等，轮辋或其他原因造成的轮胎胎面失圆，两胎磨损不等造成的外圆直径不同，轮轴轴承松旷造成的车轮摇摆等，对侧滑均有不利影响。

转向机构：主要影响因素是连接球头销松旷、主销与销孔间隙过大。

前桥与车架：主要影响因素是前桥或车架变形、轴距不等、车桥移位。

（三）汽车侧滑检测结果分析与消除侧滑的方法

若汽车前轮通过侧滑检测台时滑板向外移动（侧滑为正），表明车轮前束太大或负外倾角太大；若滑板向内移动（侧滑为负），表明车轮负前束太大或外倾角太大。

对侧滑检测结果不合格的车辆进行维修，要由易到难逐步进行。先检查前轮胎面和气压是否正常、转向拉杆球头是否松动，观察轴距有无偏差；确认正常后调整前束，以消除前轮、悬架装置和转向机构等对前束值的影响。如经以上检查、调整后检测结果仍不合格，则进一步检查主销和车架。

二、任务准备

在下列图片中勾选出完成本任务所需的工具、仪器、设备等。

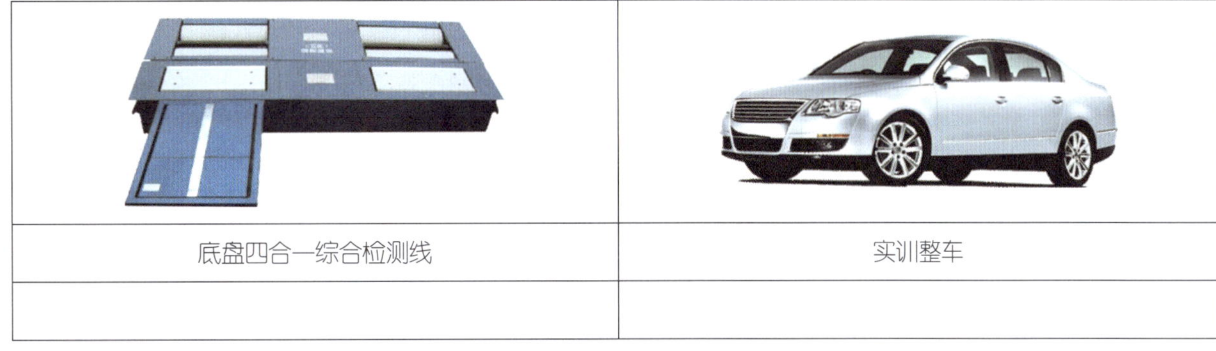

底盘四合一综合检测线	实训整车

三、防护措施

1. 进行车辆侧滑检测时，应有指导教师在场，并听从指导教师安排。
2. 进行车辆侧滑检测时，应保证车辆前方和后方无人员站立和物品摆放。
3. 进行车辆侧滑检测时，务必使被检测车辆以怠速匀速驶过检测台滑板，不得加速。

四、任务分配（见表 3–1）

表 3–1　任务分配表

<table>
<tr><th>职务</th><th>代码</th><th>姓名</th><th>工作内容</th></tr>
<tr><td>组长</td><td></td><td></td><td></td></tr>
<tr><td rowspan="4">组员</td><td></td><td></td><td rowspan="2"></td></tr>
<tr><td></td><td></td></tr>
<tr><td></td><td></td><td rowspan="2"></td></tr>
<tr><td></td><td></td></tr>
</table>

五、任务实施

（一）操作步骤（见表 3–2）

表 3–2　操作步骤

项目	操作步骤
准备工作	1. 将车辆停放在底盘四合一综合检测线前方 2. 检查四个车轮，磨损程度不应超过磨损极限，轮胎花纹应一致，轮胎气压应符合要求 3. 打开底盘四合一综合检测线电源与控制计算机 4. 录入车辆数据及相关参数，选择检测项目并开始检测
侧滑检测	1. 使车辆保持直线行驶并以 5 ~ 10 km/h 的速度缓慢驶过侧滑检测台 2. 读取侧滑检测结果
侧滑量调整	1. 检查转向拉杆球头有无松旷现象，转向拉杆及转向节臂有无变形 2. 检查下摆臂球头有无松旷现象，下摆臂与车架连接处的胶套有无老化或松旷现象 3. 检查左、右车轮轴承有无松旷现象，左、右两侧前后车轮之间的轴距是否相同 4. 若底盘检查正常，则对车辆进行四轮定位及调整后，再次对车辆进行侧滑检测

（二）实施记录

1. 结合任务实施过程，对照表 3–3 中的项目进行检查，勾选或填写实际检查结果。

表 3-3 实施记录

操作内容		检测结果	备注
侧滑检测	轮胎气压	正常 □ 补充后正常 □	
	花纹深度	正常 □ 异常（说明具体情况）□	
	前轮侧滑量	________m/km	
侧滑量调整	转向拉杆球头及转向节臂	正常 □ 需调整 □ 需更换 □	
	下摆臂球头、胶套	正常 □ 需调整 □ 需更换 □	
	车轮轴承	正常 □ 需调整 □ 需更换 □	
	前后车轮轴距	正常 □ 需定位调整 □	
	车轮前束	正常 □ 调整后正常 □	
	车轮外倾角	正常 □ 调整后正常 □	

2. 对车辆进行基本检查和四轮定位调整后，再次进行车辆侧滑检测，并将检测结果填入表 3-4 中。

表 3-4 检测结果

检查项目	结果
侧滑距离	________m/km

六、课堂小结

____

____

____

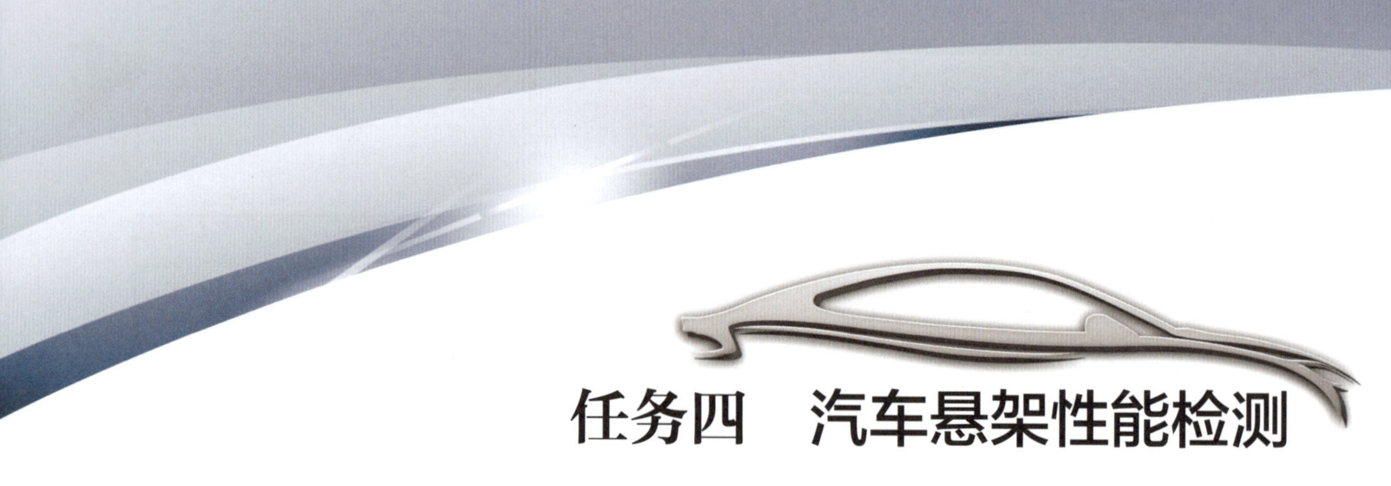

任务四　汽车悬架性能检测

<table>
<tr><td colspan="6">汽车悬架性能检测任务工单</td></tr>
<tr><td>客户信息</td><td>姓名</td><td colspan="2"></td><td>电话</td><td></td></tr>
<tr><td rowspan="5">车辆信息</td><td colspan="2">车牌号码</td><td colspan="2">VIN 码</td><td>行驶里程</td></tr>
<tr><td colspan="2"></td><td colspan="2"></td><td></td></tr>
<tr><td colspan="3">发动机型号</td><td colspan="2">生产日期</td></tr>
<tr><td colspan="3"></td><td colspan="2"></td></tr>
<tr><td colspan="5">车辆类型：小型客车 □　中型客车 □　大型客车 □　小型货车 □　大型货车 □　牵引车 □</td></tr>
<tr><td rowspan="2">检查项目</td><td colspan="5">汽车外观与底盘检查 □　汽车底盘四合一（制动、跑偏、悬架、轴重）综合检测 □
汽车发动机性能检测 □　汽车排放系统检测 □　汽车灯光检测 □</td></tr>
<tr><td colspan="5">具体描述：</td></tr>
</table>

任务目标

- 能够使用底盘四合一综合检测线对车辆悬架系统进行检测
- 能够对悬架系统检测结果进行分析并拆检

任务内容

- 悬架性能检测的必要性
- 悬架性能的检测方法
- 影响悬架性能的因素
- 悬架系统的拆检

任务重点

- 悬架性能的检测方法
- 影响悬架性能的因素
- 悬架系统的拆检

任务难点

- 悬架性能的检测方法
- 影响悬架性能的因素
- 悬架系统的拆检

一、知识讲解 1

（一）悬架性能检测的必要性

汽车悬架是连接车轮与车身的重要部件，它通过悬架弹簧等弹性元件，将地面通过车轮反馈回来的冲击力吸收和减弱，能够保证车辆在颠簸路面行驶时车轮与地面之间的贴合，以获得平稳的驱动性能。因此，悬架性能的好坏直接决定了车辆行驶时的稳定性和舒适性。

（二）悬架性能的检测方法

1. 按压车体法

按压车体法指人工按压车体或使用检测台的动力按压车体，使车体上、下运动，观察悬架装置减振器和各个部件的工作情况，凭经验判断是否需要更换或修理减振器及其他部件。

2. 检测台检测法

检测台检测法指使用轴重及悬架检测台对悬架性能进行定量分析，利用传感器数据准确计算出悬架的性能曲线，得出检测结果。检测台检测法的具体步骤如下：

（1）将车辆行驶至轴重及悬架检测台前，检查四个轮胎气压是否与额定气压相同。

（2）打开检测仪并输入车辆数据，选择悬架测试后开始检测。

（3）根据检测仪要求完成车辆前、后轴悬架检测。

（4）查看检测结果并对结果进行记录。

二、任务准备

在下列图片中勾选出完成本任务所需的工具、仪器、设备等。

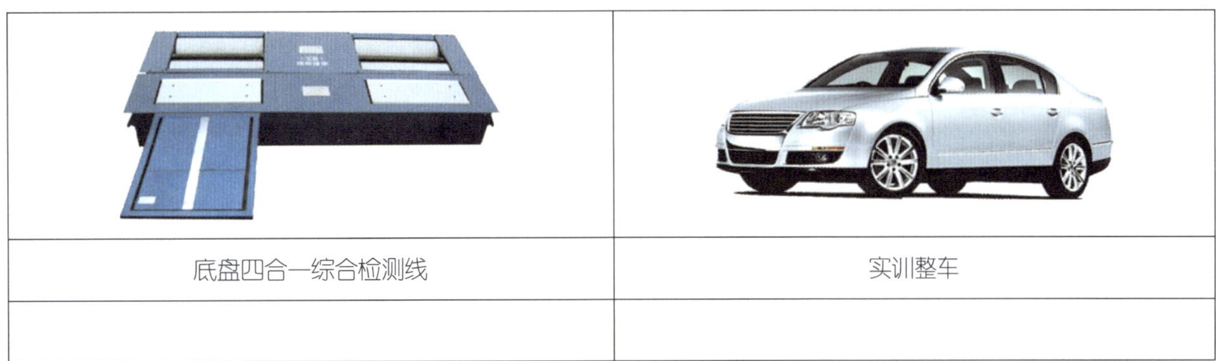

底盘四合一综合检测线	实训整车

三、防护措施

1. 进行车辆悬架性能检测时，应有指导教师在场，并听从指导教师安排。

2. 进行车辆悬架性能检测时，应保证车辆前方和后方无人员站立和物品摆放。

3. 进行车辆悬架性能检测时，不得在检测过程中将车辆驶离轴重及悬架检测台，否则可能会对车辆底盘或设备造成损坏。

四、任务分配（见表 4-1）

表 4-1　任务分配表

职务	代码	姓名	工作内容
组长			
组员			

五、任务实施

（一）操作步骤（见表 4-2）

表 4-2　操作步骤

项目	操作步骤
准备工作	1. 将车辆停放在底盘四合一综合检测线前方，使车辆方向与检测线方向一致 2. 检查车辆四个轮胎气压，应与额定气压相同
汽车悬架检测	1. 打开底盘四合一综合检测线电源与控制计算机，录入车辆信息并选择悬架测试 2. 根据计算机画面及语音提示，将前轴两个车轮行驶到轴重及悬架检测台上 3. 松开制动踏板并挂空挡，等待检测台对车辆前轴进行悬架检测 4. 前轴检测结束后，根据计算机画面与语音提示，将车辆后轴行驶到轴重及悬架检测台上 5. 松开制动踏板并挂空挡，等待检测台对车辆后轴进行悬架检测 6. 检测结束后，查看检测结果并记录

（二）实施记录

结合任务实施过程，对照表 4-3 中的项目进行检查，填写实际检查结果。

表 4-3　实施记录

检测内容	检测结果	评价
前轴悬架吸收率	前左：________% 　前右：________%	
后轴悬架吸收率	后左：________% 　后右：________%	
同轴左、右悬架吸收率差值	前轴：________% 　后轴：________%	

六、知识讲解 2

（一）影响悬架性能的因素

影响汽车悬架性能的主要因素有：阻尼器泄漏或内部磨损、损坏；悬架弹性元件弹性降低、疲劳或折断；减振器支座松动或轴承损坏；悬架系统各连接部件磨损、松动等。

（二）悬架系统的拆检

当悬架系统性能检测结果不合格时，应对悬架系统进行拆检，具体内容如下：

1. 检查悬架系统有无油液泄漏和明显机械损伤。
2. 检查悬架系统各连接部位有无松旷现象，胶套有无裂纹和老化。
3. 拆卸并分解悬架，检查阻尼器的阻尼力是否正常，若过小则进行更换。
4. 检查空气悬架的控制管路和空气弹簧有无漏气现象，空气弹簧有无可视的裂损。

七、二次实施

（一）操作步骤（见表 4–4）

表 4–4 操作步骤

项目	操作步骤
前减振器拆检	1. 查阅手册并根据手册操作要求拆下前悬架 2. 使用专用工具并根据手册要求分解前减振器 3. 用手抽拉减振器，应有相应的阻尼力，若阻尼力过小或消失，则应更换 4. 检查减振器上方推力轴承有无松旷、卡滞等现象 5. 检查减振器上方支座和缓冲块有无橡胶老化、龟裂等现象
后减振器拆检	1. 查阅手册并根据手册操作要求拆下后减振器 2. 分解并拆下后减振器上方的减振器支座和保护套管等 3. 用手抽拉减振器，应有相应的阻尼力，若阻尼力过小或消失，则应更换 4. 检查减振器上方支座和缓冲块有无橡胶老化、龟裂等现象

（二）实施记录

根据表 4–5 的检测内容对被检车辆悬架进行拆检，记录检测结果并给出维修建议。

表 4–5 实施记录

检测内容	检测结果	维修建议
前减振器检查	油液泄漏：有 □ 无 □ 悬架轴承：松旷 □ 卡滞 □ 正常 □ 减振器阻尼力：正常 □ 需更换 □ 减振器支座：橡胶老化 □ 龟裂 □ 正常 □	
后减振器检查	油液泄漏：有 □ 无 □ 减振器阻尼力：正常 □ 需更换 □ 减振器支座：橡胶老化 □ 龟裂 □ 正常 □	

八、课堂小结

任务五　汽车灯光性能检测与调整

<table>
<tr><td colspan="7">汽车灯光性能检测与调整任务工单</td></tr>
<tr><td>客户信息</td><td>姓名</td><td colspan="2"></td><td>电话</td><td colspan="2"></td></tr>
<tr><td rowspan="5">车辆信息</td><td colspan="2">车牌号码</td><td colspan="2">VIN 码</td><td colspan="2">行驶里程</td></tr>
<tr><td colspan="2"></td><td colspan="2"></td><td colspan="2"></td></tr>
<tr><td colspan="3">发动机型号</td><td colspan="3">生产日期</td></tr>
<tr><td colspan="3"></td><td colspan="3"></td></tr>
<tr><td colspan="6">车辆类型：小型客车 □　中型客车 □　大型客车 □　小型货车 □　大型货车 □　牵引车 □</td></tr>
<tr><td rowspan="2">检查项目</td><td colspan="6">汽车外观与底盘检查 □　汽车底盘四合一（制动、跑偏、悬架、轴重）综合检测 □
汽车发动机性能检测 □　汽车排放系统检测 □　汽车灯光检测 □</td></tr>
<tr><td colspan="6">具体描述：</td></tr>
</table>

任务目标

- 能够使用前照灯检测仪对前照灯性能进行检测
- 能够根据前照灯检测仪的提示对前照灯进行调整

任务内容

- 前照灯性能检测的必要性
- 前照灯性能评价参数与标准
- 前照灯性能检测方法

任务重点

- 前照灯性能评价参数与标准
- 前照灯性能检测方法

任务难点

- 前照灯性能评价参数与标准
- 前照灯性能检测方法

一、知识讲解

（一）前照灯性能检测的必要性

汽车前照灯是保证汽车在夜间或在能见度较低的情况下保持较高车速安全行驶的照明装置。前照灯的发光强度和光束照射位置是判定前照灯技术状况的主要性能参数。发光强度不足或光束的照射位置偏斜会导致驾驶员不易辨别前方的障碍物，或对对向车辆驾驶员产生干扰。因此，应定期对前照灯发光强度和光束照射位置进行检测与校正。

（二）前照灯性能评价参数与标准

1. 发光强度

发光强度是表示光源在一定方向范围内发出的可见光强弱的物理量，单位为坎德拉，简称坎，用符号 cd 表示。由于实际检测前照灯时，检测仪需要离开前照灯一段距离，所以前照灯检测仪实际检测的并不是光源的发光强度，而是照度。照度和测量点与光源距离的平方成反比，如图 5-1 所示。检测仪检测出照度后，再将照度换算为发光强度。

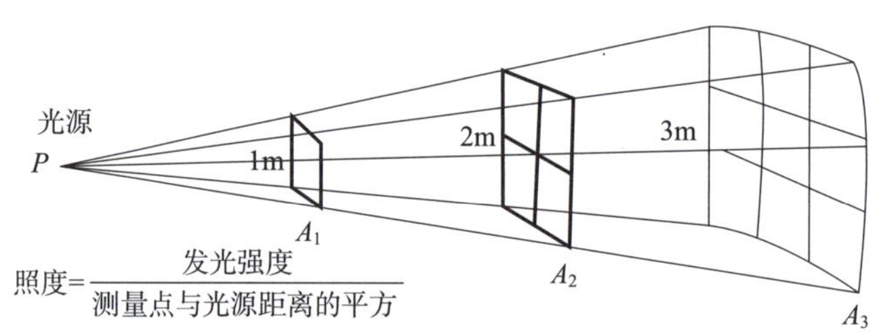

图 5-1　发光强度与照度之间的关系

发光强度应达到《机动车运行安全技术条件》（GB 7258—2017）中的要求，详见表 5-1。

表 5-1　前照灯远光光束发光强度最小值要求　　单位：cd

机动车类型		检查项目					
		新注册车			在用车		
		一灯制	二灯制	四灯制	一灯制	二灯制	四灯制
三轮汽车		8 000	6 000	—	6 000	5 000	—
最高设计车速小于 70 km/h 的汽车		—	10 000	8 000	—	8 000	6 000
其他汽车		—	18 000	15 000	—	15 000	12 000
普通摩托车		10 000	8 000	—	8 000	6 000	—
轻便摩托车		4 000	3 000	—	3 000	2 500	—
拖拉机运输机组	标定功率 >18 kW	—	8 000	—	—	6 000	—
	标定功率≤18 kW	6 000	6 000	—	5 000	5 000	—

2. 光束照射位置

检测光束照射位置时，需将车辆与检验屏幕垂直停放，并使被测车灯与检验屏幕之间的距离为10 m左右。开启车灯，查看车灯照射到检验屏幕上的光束区域并检查光轴中心（光束最亮区域）的偏移量。

光束照射位置说明如图5–2所示。检测时，将车辆处于空载状态并停放好，首先在检验屏幕上分别标出车灯高度水平线 h–h，左、右车灯中心线 $V_{左}$、$V_{右}$以及车辆中心线 V。打开车灯（远光或近光），在屏幕上确定光轴中心并测量光轴中心高度 H。根据《机动车运行安全技术条件》（GB 7258—2017），光束照射位置相关要求如下：

（1）近光光束明暗截止线转角或中点的垂直方向位置，对近光光束透光面中心（基准中心，下同）高度小于或等于1 000 mm的机动车，应不高于近光光束透光面中心所在水平面以下50 mm的直线且不低于近光光束透光面中心所在水平面以下300 mm的直线；对近光光束透光面中心高度大于1 000 mm的机动车，应不高于近光光束透光面中心所在水平面以下100 mm的直线且不低于近光光束透光面中心所在水平面以下350 mm的直线。

（2）前照灯近光光束明暗截止线转角或中点的水平方向位置，与近光光束透光面中心所在垂直面相比，向左偏移应小于或等于170 mm，向右偏移应小于或等于350 mm。

（3）对于能单独调整远光光束的汽车前照灯，前照灯远光光束照射在距离10 m的屏幕上，其发光强度最大点的垂直方向位置，应不高于远光光束透光面中心所在水平面（高度值为 H）以上100 mm的直线且不低于远光光束透光面中心所在水平面以下0.2H的直线。前照灯远光发光强度最大点的水平位置，与远光光束透光面中心所在垂直面相比，左灯向左偏移应小于或等于170 mm且向右偏移应小于或等于350 mm，右灯向左和向右偏移均应小于或等于350 mm。

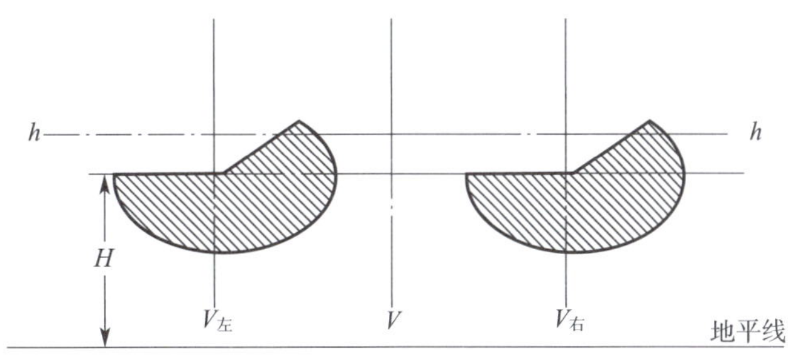

图5–2 光束照射位置说明

（三）前照灯性能检测方法

前照灯性能检测可采用屏幕法，但由于屏幕法只能检测车辆前照灯的照射位置，不能对前照灯的发光强度进行检测，且照射位置检测数据误差较大，检测效率低，因此，检测线上一般采用前照灯检测仪对前照灯性能进行检测。

1. 前照灯检测仪的使用条件及注意事项

（1）使用前照灯检测仪检测时，车辆必须空载，轮胎气压应达到规定值。

（2）蓄电池电压应正常。

（3）车辆停放位置要准确，车身纵向中心线要垂直于前照灯受光面，否则会影响光束左、右偏移

量测量的准确性。

2. 前照灯检测仪的使用步骤

（1）将车辆停放在指定位置，并保证车身与前照灯检测仪移动轨道垂直。

（2）调整前照灯检测仪的高度与水平度，并调整车身与检测仪之间的距离。

（3）使用前照灯检测仪对前照灯的发光强度进行测量并记录数据。

（4）根据前照灯检测仪的提示对前照灯照射位置进行调整。

二、任务准备

在下列图片中勾选出完成本任务所需的工具、仪器、设备等。

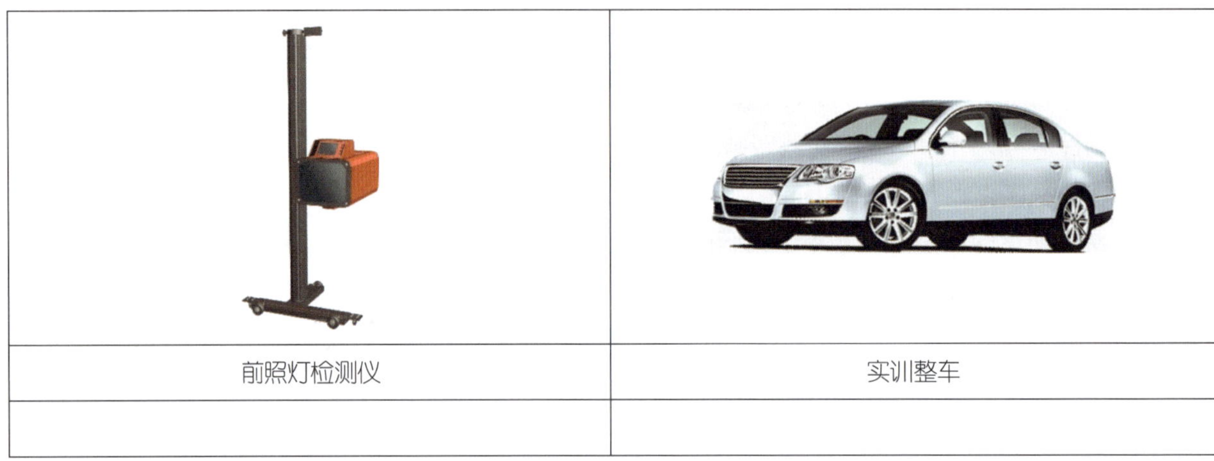

前照灯检测仪	实训整车

三、防护措施

1. 移动车辆时应缓慢并确保车辆前方和后方无人员站立及物品摆放。
2. 检测过程中应启动车辆或加载充电机。
3. 应选用正确的工具对前照灯照射位置进行调节，以免损坏调节装置。

四、任务分配（见表 5-2）

表 5-2　任务分配表

职务	代码	姓名	工作内容
组长			
组员			

五、任务实施

（一）操作步骤（见表 5–3）

表 5–3　操作步骤

项目	操作步骤
车辆入位，调整检测仪	1. 调整检测仪下部车轮及中部螺栓，使检测仪水平 2. 将车辆按照标线驶入测量位置，使检测仪的光接收箱镜面与被检车辆的纵向中心线垂直（在汽车纵向中心线上找 2 个参考点，打开立柱上的激光瞄准仪，旋转瞄准仪，激光落在 2 个参考点上即可） 3. 将检测仪对准需要检测的前照灯，按下检测仪后部激光器按钮，将检测仪镜面两侧的激光对准灯罩，两束激光光斑距离小于 3 cm，且光斑中心点位于灯罩中心时即可［表示检测距离在（50 ± 5）cm 范围内］，若距离不合适可前、后移动车辆进行调整 4. 将检测仪车轮锁死
前照灯检测及调整	1. 按住开机键 3 s，打开检测仪，检测仪屏幕上显示初始画面 2. 按方向键选择功能，选择测量远光，按住确认键 3 s 进入该功能 3. 打开远光灯，开始测量。按照提示调整反光板位置，屏幕上显示该灯位置及发光强度 4. 按方向键选择调整远光，按住确认键 3 s 进入该功能 5. 将反光板调整至初始位置，并根据屏幕提示调整远光灯 6. 按以上步骤检测并调整近光灯 7. 调整结束后关闭车灯，按退出键至屏幕初始画面，按住关机键，再按确认键关闭检测仪
整理	1. 将检测仪复位 2. 将车辆驶离工位

（二）实施记录

结合任务实施过程，对照表 5–4 中的项目进行检查，勾选或填写实际检查结果。

表 5–4　实施记录

车辆型号				行驶里程	
前照灯数量		两灯制 □　四灯制 □			
灯光强度	远光灯	标准发光强度：________cd	左前发光强度：________cd	右前发光强度：________cd	
	近光灯	标准发光强度：________cd	左前发光强度：________cd	右前发光强度：________cd	
灯光调整	远光灯	最大偏移量：________mm	左前偏移量：________mm	右前偏移量：________mm	
	近光灯	最大偏移量：________mm	左前偏移量：________mm	右前偏移量：________mm	

六、课堂小结

情境二

发动机系统性能检测

任务六　发动机燃油系统检测

<table>
<tr><td colspan="7">发动机燃油系统检测任务工单</td></tr>
<tr><td>客户信息</td><td>姓名</td><td colspan="2"></td><td>电话</td><td colspan="2"></td></tr>
<tr><td rowspan="5">车辆信息</td><td colspan="2">车牌号码</td><td colspan="2">VIN 码</td><td colspan="2">行驶里程</td></tr>
<tr><td colspan="2"></td><td colspan="2"></td><td colspan="2"></td></tr>
<tr><td colspan="3">发动机型号</td><td colspan="3">生产日期</td></tr>
<tr><td colspan="3"></td><td colspan="3"></td></tr>
<tr><td colspan="6">车辆类型：小型客车 □　中型客车 □　大型客车 □　小型货车 □　大型货车 □　牵引车 □</td></tr>
<tr><td rowspan="2">检查项目</td><td colspan="6">汽车外观与底盘检查 □　汽车底盘四合一（制动、跑偏、悬架、轴重）综合检测 □
汽车发动机性能检测 □　汽车排放系统检测 □　汽车灯光检测 □</td></tr>
<tr><td colspan="6">具体描述：</td></tr>
</table>

任务目标

- 能够对发动机燃油系统进行检测
- 能够对燃油系统的检测结果进行评估和分析

任务内容

- 燃油系统性能检测的必要性
- 燃油系统性能检测的内容和方法
- 燃油系统性能检测结果的分析与诊断

任务重点

- 燃油系统性能检测的内容和方法
- 燃油系统性能检测结果的分析与诊断

任务难点

- 燃油系统性能检测结果的分析与诊断

一、知识讲解

（一）燃油系统性能检测的必要性

发动机燃油系统是车辆在行驶过程中的动力保障，燃油系统的性能对发动机的动力性、环保性和燃油经济性都有很大的影响。因此，必须对燃油系统进行性能检测，以确保车辆的上述性能不受影响。

（二）燃油系统性能检测的内容和方法

燃油系统性能检测的主要内容有燃油泵功能检测、燃油泵压力检测、燃油系统保持压力检测和燃油泵供给量检测等。

1. 燃油泵功能检测

燃油泵功能检测主要是检测燃油泵控制单元与燃油泵的功能是否正常，具体方法如下：

（1）打开点火开关并连接诊断设备。

（2）使用诊断设备进入发动机控制系统并选择执行元件测试。

（3）燃油泵应从低速运转逐渐变为高速运转。

2. 燃油泵压力检测和燃油系统保持压力检测

燃油泵压力检测又称燃油泵静态压力检测，主要目的是检测燃油泵供给能力和供给管路密封性是否良好。燃油系统保持压力检测则可具体检测燃油系统的密封性能。燃油泵压力检测和燃油系统保持压力检测的具体方法如下：

（1）将燃油压力表安装到燃油供给管路上。

（2）对发动机控制系统进行元件测试并读取燃油压力表上的最大数值，应为 400 ~ 700 kPa。

（3）10 min 后，读取燃油压力表上保持油压的数值，应不低于 300 kPa。

3. 燃油泵供给量检测

燃油泵供给量检测的主要目的是检测燃油泵的供给性能，当不确定燃油泵是否损坏时，可以使用此种方法检测，具体方法如下：

（1）将燃油压力表连接到燃油供给管路上，并将燃油压力表出口管路放置到量杯中。

（2）使用蓄电池作为燃油泵的工作电源，通过燃油压力表阀门调节出油压力，使读数为 400 kPa。

（3）保持出油压力不变，向燃油泵持续供电 60 s，分别读取燃油泵供电电压及出油量。

（4）查阅手册，实际所测出油量应不低于手册中同电压下的燃油泵 60 s 出油量。

（三）燃油系统性能检测结果的分析与诊断

1. 燃油泵功能检测结果分析与诊断

检测燃油泵功能时若发现无声音，则应首先检查燃油泵控制单元熔丝，若熔丝损坏应更换熔丝；若熔丝正常则可以直接向燃油泵供电，检查燃油泵有无损坏，若燃油泵损坏应更换燃油泵；若燃油泵正常则应检查燃油泵控制单元上的电源、搭铁及其他连接线路有无断路、短路现象，出现短路或断路时，应修复线路；若线路正常则应更换控制单元。

检测燃油泵功能时若发现燃油泵运转不正常，如燃油泵无低速运转或高速运转，应先通过直接驱动燃油泵的方式检查燃油泵是否正常运转，若运转无力则应更换燃油泵；若燃油泵运转正常则应检查燃油泵滤网或燃油系统管路是否堵塞或泄漏，若堵塞或泄漏则应找出故障部位并修复；若燃油泵及燃

油系统管路均正常，应更换控制单元重新检测。

2. 燃油泵压力检测结果分析与诊断

若燃油泵压力检测结果低于规定值，应先检查燃油管路有无泄漏及堵塞，必要时取出燃油泵总成，检查燃油滤芯有无堵塞，内部管路有无泄漏。存在泄漏或堵塞则应修复，如果燃油管路正常则应更换燃油泵。

若燃油系统保持压力检测结果低于规定值，应先使用燃油压力表确认油压泄漏区域是在发动机舱还是在油箱。若在发动机舱则应检查喷油器、油压调节器、燃油管路是否存在泄漏；若在油箱则应重点检查燃油滤清器、燃油泵止回阀、燃油管路等是否存在泄漏。

3. 燃油泵供给量检测结果分析与诊断

若燃油泵供给量的检测结果低于规定值，则应先检查燃油滤清器等部位有无堵塞，若无堵塞则说明燃油泵泵油能力下降，应更换燃油泵。

二、任务准备

在下列图片中勾选出完成本任务所需的工具、仪器、设备等。

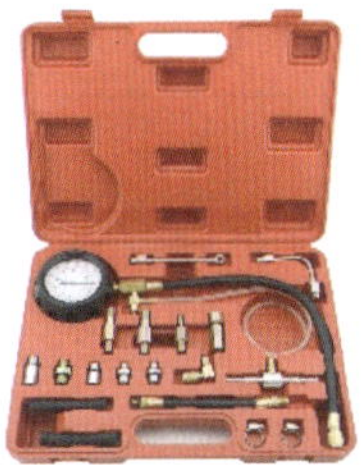 燃油压力表	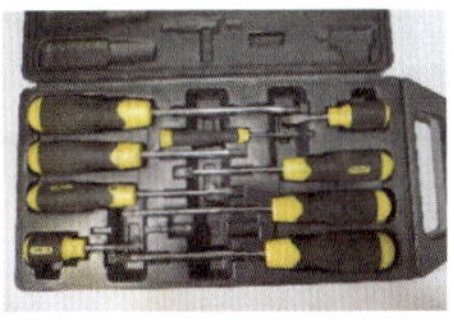 旋具套装	 工具车	 翼子板布
 备件车	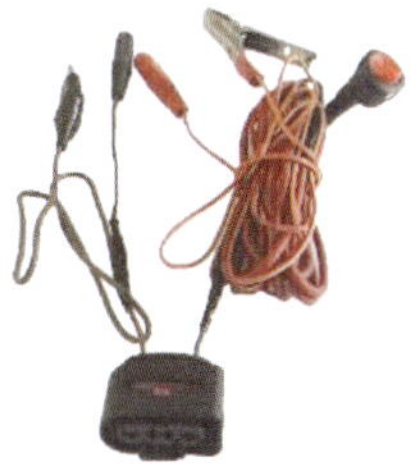 油泵专用插头	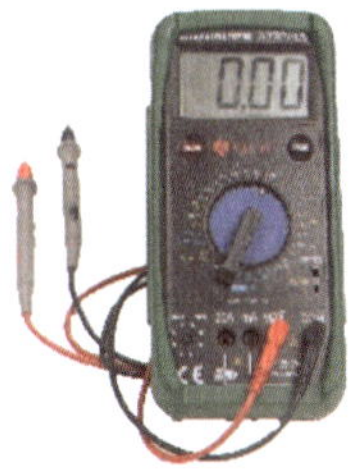 万用表	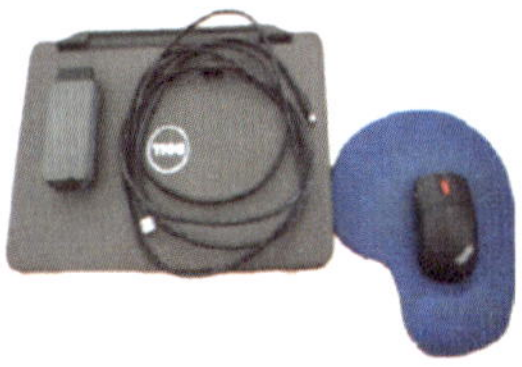 诊断设备
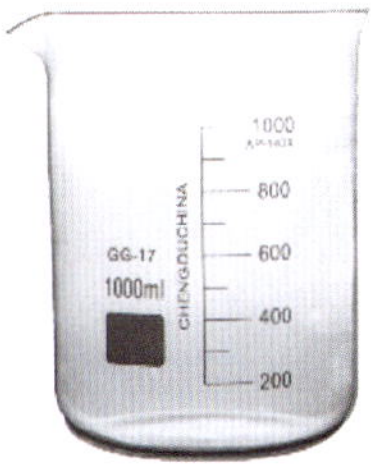 量杯	 抹布	 实训整车	

三、防护措施

1. 拆卸燃油管路前，必须对燃油系统进行泄压，防止燃油喷出。
2. 连接燃油压力表后，应检查燃油压力表是否连接牢固，防止燃油泄漏和喷出。
3. 恢复燃油管路时，应确保燃油管路连接牢固，防止泄漏，并启动发动机检查发动机工作是否正常。

四、任务分配（见表 6-1）

表 6-1　任务分配表

职务	代码	姓名	工作内容
组长			
组员			

五、任务实施

（一）操作步骤（见表 6-2）

表 6-2　操作步骤

项目	操作步骤
燃油泵功能检测	1. 打开发动机舱盖并铺设翼子板布，检测蓄电池电压，应不低于 11.5 V，打开熔丝盖板，检查燃油泵控制单元熔丝，应无熔断、松动或烧蚀现象 2. 连接诊断设备到车辆的诊断插座上，打开点火开关，进入自诊断，选择发动机控制装置 3. 选择执行元件测试功能，点击显示屏右下角的箭头按键，直到显示燃油泵电子装置并执行 4. 注意观察燃油泵或倾听燃油泵的转动声音，燃油泵应慢慢加速，直到达到最高转速，否则说明燃油泵或燃油泵控制单元损坏
燃油泵压力检测	1. 打开发动机舱盖，铺设翼子板布，启动发动机，拔下燃油泵熔丝，使车辆慢慢熄火 2. 将抹布放在发动机舱燃油供给管路接口下方，然后拆开燃油供给管路接口 3. 将燃油压力表连接到燃油供给管路中 4. 使用诊断设备对发动机控制系统进行元件测试，使燃油泵工作，读取燃油压力表数值 5. 查阅维修手册并与实际测量值对比，正常值应为 400 ~ 700 kPa
燃油系统保持压力检测	1. 将燃油压力表连接到燃油供给管路上 2. 使用诊断设备对发动机控制系统进行元件测试，使燃油泵工作，读取燃油压力表数值，正常值应为 400 ~ 700 kPa 3. 测试完毕后，注意观察燃油压力表的读数，10 min 后读数应不低于 300 kPa 4. 若燃油压力表的读数下降过快，或 10 min 后读数低于 300 kPa，则应检查燃油系统是否存在泄漏

续表

项目	操作步骤
燃油泵供给量检测	1. 拆下后座椅并取下燃油泵上方盖板和燃油泵控制单元 2. 松开并拔下燃油泵法兰盘上的油泵插头 3. 将油泵专用插头安装到油泵上，负极线搭铁，并使用万用表电压挡连接油泵插头的正、负极 4. 将带阀门的燃油压力表安装到发动机舱的燃油供给管路上，并将燃油压力表出口管路放入量杯中 5. 将油泵专用插头的正极与蓄电池正极相连，打开电源开关，缓慢关闭燃油压力表出口的阀门，待压力表的读数上升至 400 kPa 时，保持阀门开度不变，关闭电源开关，停止为燃油泵供电 6. 清空量杯中的燃油，重新为燃油泵供电 60 s，并读取燃油泵上的供电电压，记录电压值和 60 s 内燃油泵的出油量 7. 查阅手册，对比实际的燃油供给量与标准值，若相差较大则应更换燃油泵

（二）实施记录

结合任务实施过程，对照表 6-3 中的项目进行检查，勾选或填写实际检查结果。

表 6-3 实施记录

检测内容	测量结果	标准值	结果评估与分析
燃油泵功能检测	正常 □ 损坏 □	—	
燃油泵压力检测	________kPa	________kPa	
燃油系统保持压力检测	________kPa	________kPa	
燃油泵供给量检测	电压________V 出油量________cm^3/60 s	电压________V 出油量________cm^3/60 s	

六、课堂小结

____

____

____

任务七　发动机点火系统检测（一）

<table>
<tr><td colspan="5">发动机点火系统检测任务工单——点火波形分析仪的连接</td></tr>
<tr><td>客户信息</td><td>姓名</td><td></td><td>电话</td><td></td></tr>
<tr><td rowspan="5">车辆信息</td><td colspan="2">车牌号码</td><td>VIN 码</td><td>行驶里程</td></tr>
<tr><td colspan="2"></td><td></td><td></td></tr>
<tr><td colspan="2">发动机型号</td><td colspan="2">生产日期</td></tr>
<tr><td colspan="2"></td><td colspan="2"></td></tr>
<tr><td colspan="4">车辆类型：小型客车 □　中型客车 □　大型客车 □　小型货车 □　大型货车 □　牵引车 □</td></tr>
<tr><td rowspan="2">检查项目</td><td colspan="4">汽车外观与底盘检查 □　汽车底盘四合一（制动、跑偏、悬架、轴重）综合检测 □
汽车发动机性能检测 □　汽车排放系统检测 □　汽车灯光检测 □</td></tr>
<tr><td colspan="4">具体描述：</td></tr>
</table>

任务目标

- 能够对发动机点火系统进行波形检测
- 能够对发动机点火系统的波形检测结果进行分析

任务内容

- 点火系统性能检测的必要性
- 波形分析的概念及检测方法
- 点火系统波形的种类及分析

任务重点

- 波形分析的概念及检测方法
- 点火系统波形的种类及分析

任务难点

- 点火系统波形的种类及分析

一、知识讲解

（一）点火系统性能检测的必要性

点火系统是汽油发动机工作过程中不可或缺的重要系统。发动机点火质量直接影响发动机在工作过程中的动力性和燃油经济性，因此，现代汽车都采用电子点火控制来提高点火系统的点火质量。即便如此，依然有许多无法控制的因素（如积炭、缸线老化等）会影响点火系统的点火质量，从而导致发动机动力不足、失火、抖动等现象。因此，在对车辆进行技术性能检测时，还需对点火系统进行性能检测，最常见的性能检测方法就是对点火系统进行波形分析。

（二）波形分析的概念及检测方法

1. 波形分析

波形分析是指将车辆执行元件或导线在工作过程中产生的实时电压绘制成坐标图形，然后根据波形图的形状分析、判断执行元件的工作情况。

2. 点火系统波形检测方法

点火系统波形的检测是将波形分析仪的感应钳夹在点火线圈的高压缸线上，感应点火线圈在工作过程中次级线圈的电压变化，从而判断点火系统的工作情况，如图 7–1 所示。具体测量方法如下：

（1）拆下独立点火线圈并将点火线圈延长线连接在点火线圈与火花塞之间。

（2）将 1 缸信号感应钳夹在 1 缸缸线上，并将次级信号感应钳分别夹在各个缸线上。

（3）打开波形分析仪并选择次级波形检查。

（4）启动发动机并查看点火系统波形。

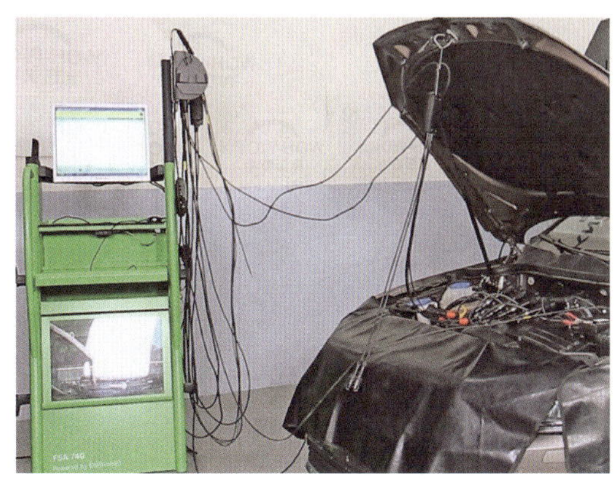

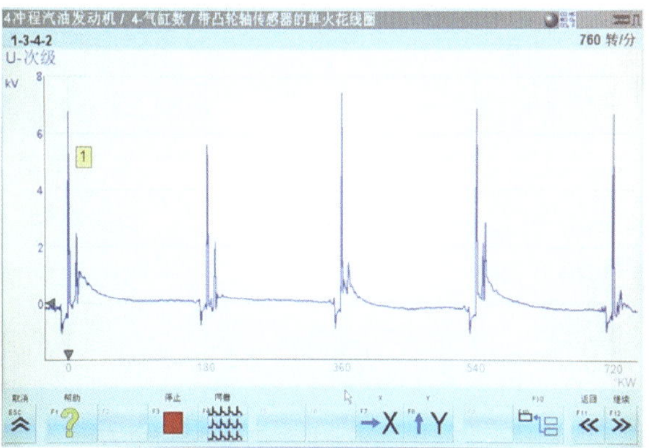

图 7–1　波形分析仪的连接与点火系统波形

（三）点火系统波形的种类及分析

1. 点火系统波形的种类

当点火系统波形采集完成后，波形分析仪将捕捉的点火系统波形根据类别进行排列，以平列波和并列波的排列形式分别显示点火系统波形，以便检测人员从不同排列形式的波形中观测、分析、判断点火系统技术状况，从而快捷而准确地判断故障原因。

（1）平列波

根据点火次序将各缸点火波形首尾相连排成一字形，称为平列波。平列波主要用于分析次级电压的故障，如各缸次级击穿电压是否均衡、火花电压是否均衡等。

（2）并列波

并列波将各缸的点火波形起始点对齐而由上至下按点火次序排列，并列波可以看到各缸的全貌，分析各缸闭合角、开启角以及各缸火花塞的工作状态，如使用 TDC 传感器或频闪灯将上止点信号标于 1 缸电压波形上，则可以检测到点火提前角。

2. 点火系统波形的分析

（1）单缸波形分析

图 7–2 所示为点火系统单缸次级波形图，初始阶段的直线为初级点火线圈未接通时次级点火线圈的电压，此时显示为 0。

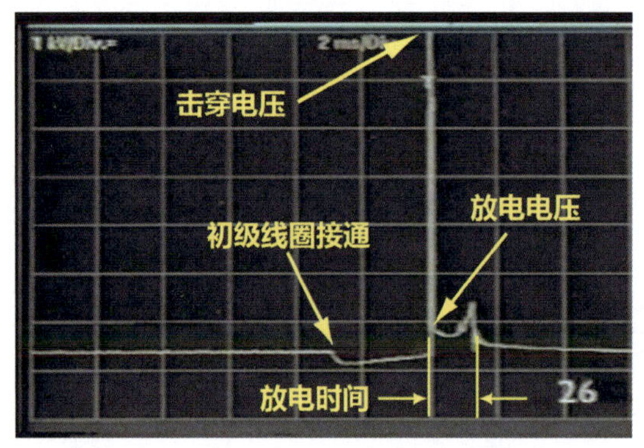

图 7–2　单缸次级波形图

从波形图可以看出，当初级线圈刚接通时，次级线圈的波形有向下的波动，随着时间的推移，逐渐趋于初始值。这是因为点火线圈中的初级线圈刚接通时，由于互感原理，在次级线圈中产生了一个相反的电动势。随着点火线圈中初级线圈充电饱和，次级线圈中的感应电动势也随之趋近于初始值（0）。

当初级线圈断电时，由于初级线圈中的电流突然消失，次级线圈中会产生很大的电感电压，次级线圈中的电压值急剧上升，直到足以在火花塞电极间隙放电。此时的电压值称为火花塞的击穿电压，击穿电压一般可达 6 ~ 15 kV。

火花塞击穿后，电弧穿过火花塞间隙并持续一段时间，次级线圈中的电能得以释放，电压将急剧下降，直到火花塞电极之间的电弧完全消失。电弧放电过程中的电压称为燃烧电压，燃烧电压持续的时间称为燃烧时间。

火花塞放电结束后，点火线圈中还会残余部分电能，电压随着点火线圈的电感效应逐渐振荡，最后消失，重新恢复原始状态（0）。

（2）平列波波形分析

平列波的波形如图 7–3 所示。通过平列波波形可以很清晰地对比各缸点火波形的电压，进而对击穿电压等进行分析。

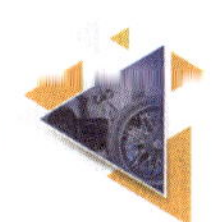

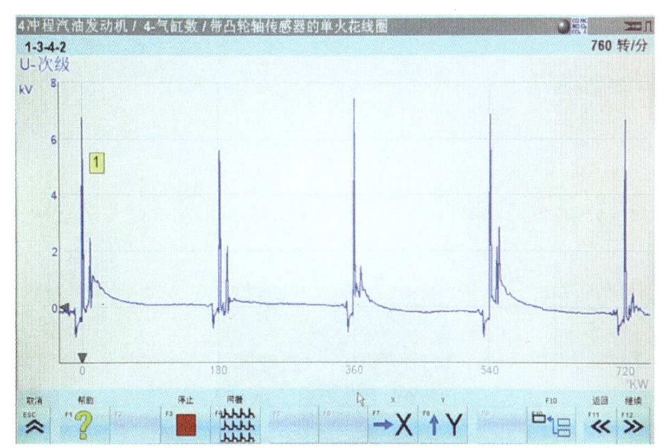

图 7-3　平列波的波形

影响击穿电压的因素主要有气缸压力、混合气浓度、火花塞间隙、高压缸线及气缸积炭等。在同等条件下，气缸压力越高，火花塞间隙越大，击穿电压也就越高；反之则越低。混合气浓度越高，击穿电压越低；反之则越高。理论上，高压缸线的线阻越大，击穿电压越高，但过大的线阻也可能导致高压缸线击穿缸体而短路，从而导致击穿电压过低。

另外，气缸内积炭严重、火花塞绝缘体破裂等都可能导致火花塞电极之间短路，从而造成击穿电压低于正常值的现象。点火线圈的性能好坏也会对击穿电压造成一定的影响，如点火线圈内部绕组短路会导致点火线圈的点火能量不足，击穿电压过低。

（3）并列波波形分析

并列波的波形如图 7–4 所示。通过各缸并列波形可以很明显地对比各缸的点火时间，进而对闭合角、燃烧时间等进行分析。

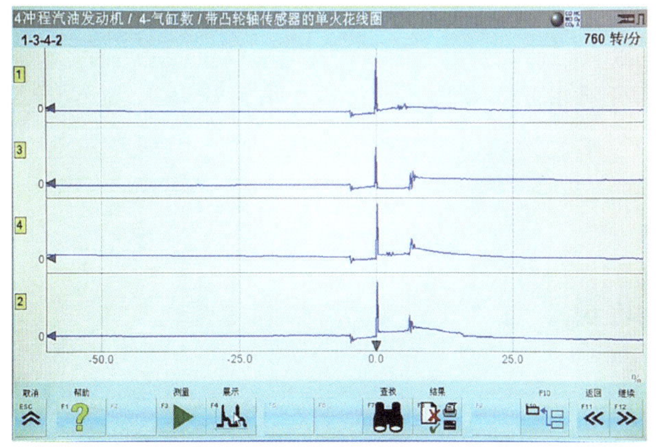

图 7–4　并列波的波形

从初级线圈接通、点火波形出现向下的负压波动，到点火波形出现击穿电压的这段时间，称为点火线圈的闭合时间，也称充电时间，这段时间对应的曲轴转角称为闭合角。在稳定工况下，所有气缸的闭合时间应相同，由发动机控制单元控制。

燃烧时间长短即燃烧线的长度与气缸内混合气浓度有关。混合气浓度越大，燃烧线的长度就越短；相反，混合气浓度越小，燃烧线就越长。

二、任务准备

在下列图片中勾选出完成本任务所需的工具、仪器、设备等。

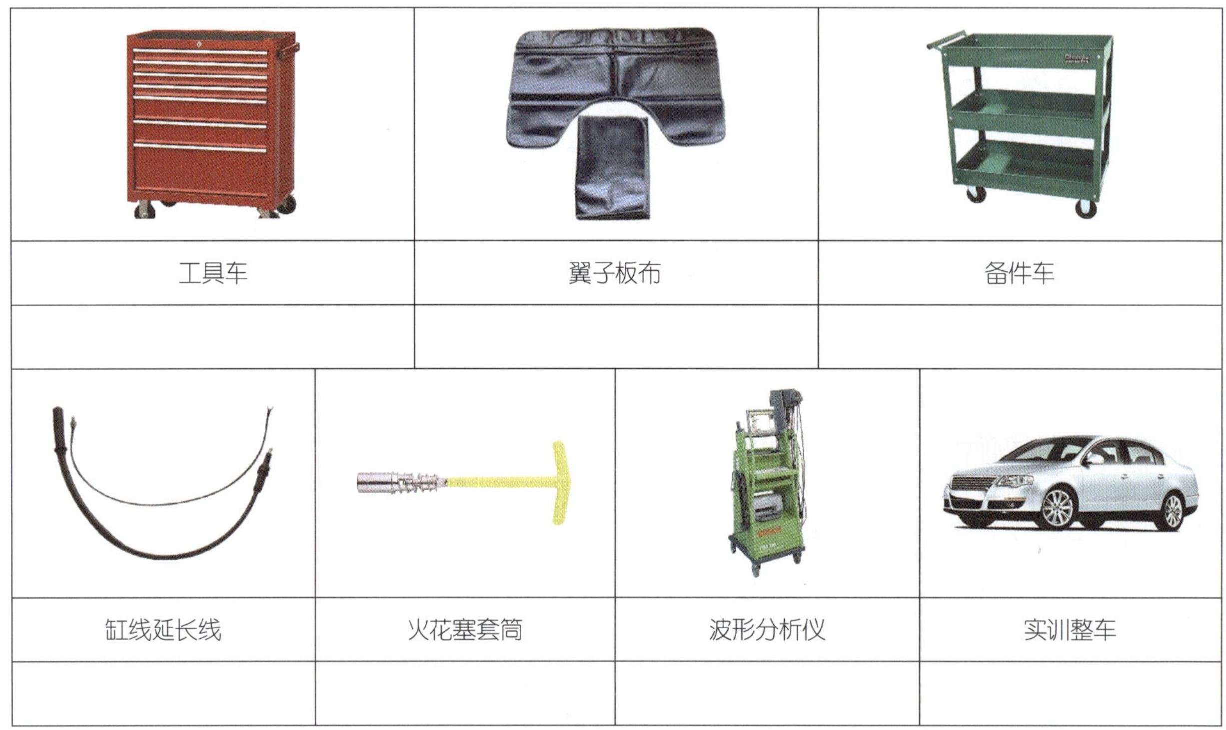

工具车	翼子板布	备件车	
缸线延长线	火花塞套筒	波形分析仪	实训整车

三、防护措施

1. 确保车辆前方和后方无人员站立及物品摆放后，方可启动车辆。
2. 在使用波形分析仪时，务必按照说明书要求操作，防止损坏设备。
3. 有操作人员在发动机舱进行相关零部件拆装时，严禁启动车辆。

四、任务分配（见表 7-1）

表 7-1　任务分配表

职务	代码	姓名	工作内容
组长			
组员			

五、任务实施

（一）操作步骤（见表 7–2）

表 7–2　操作步骤

项目	操作步骤
点火波形的检查	1. 打开发动机舱盖并铺设翼子板布 2. 拆下发动机盖板，拔下点火线圈插头，分别取出各气缸点火线圈，将缸线延长线连接在点火线圈与火花塞之间并插上点火线圈插头 3. 将波形分析仪蓄电池连接电缆上的红色和黑色线夹分别夹在蓄电池的正、负极上 4. 将脉冲信号检测感应钳连接在 1 缸点火延长线上，并将次级检测传感器夹分别夹在 1 缸至 4 缸的点火延长线上 5. 打开波形分析仪的示波器功能，选择点火系统次级波形显示，然后启动发动机，将油温预热至 80 ℃以上，查看各个气缸的次级点火波形
点火波形的分析	1. 在波形分析仪选项中选择平列波，截取不同时间点的波形图，对比所有气缸点火系统的波形并进行分析 2. 在波形分析仪选项中选择并列波，截取不同时间点的波形图，对比所有气缸点火系统的波形并进行分析
工具整理	1. 将波形分析仪检测线束复位 2. 将发动机点火系统复位，安装发动机盖板 3. 撤去翼子板布，关闭发动机舱盖

（二）实施记录

结合任务实施过程，在表 7–3 中分别画出点火系统的平列波和并列波，并对结果进行分析。

表 7–3　实施记录

类型	波形图	分析
平列波	kV ms	

续表

类型	波形图	分析
并列波	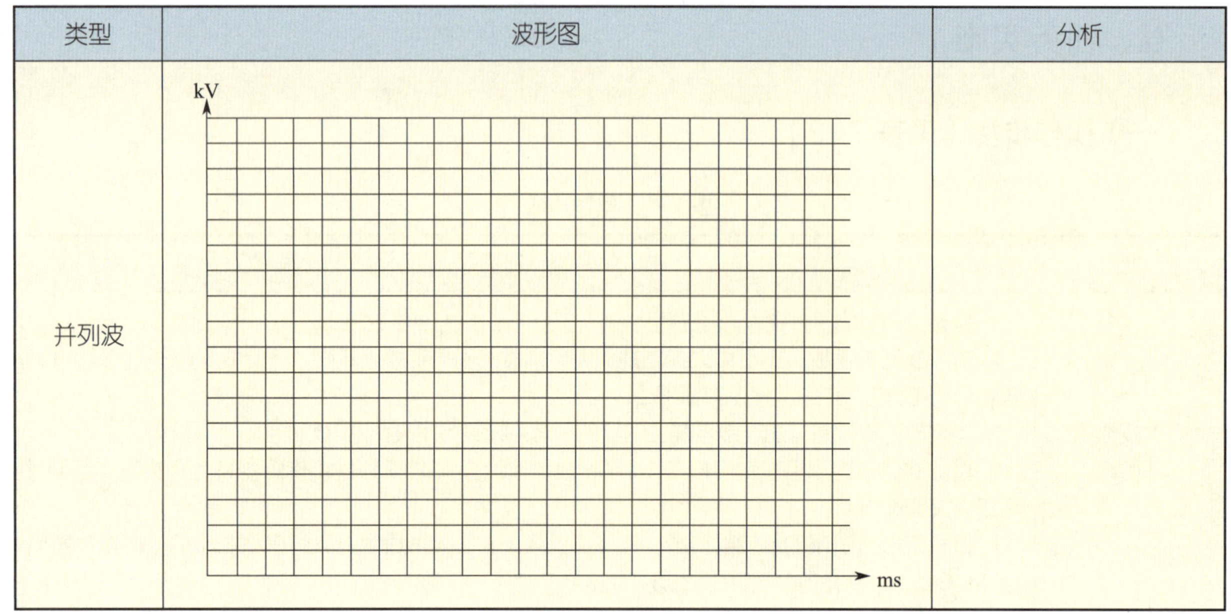	

六、课堂小结

____

____

____

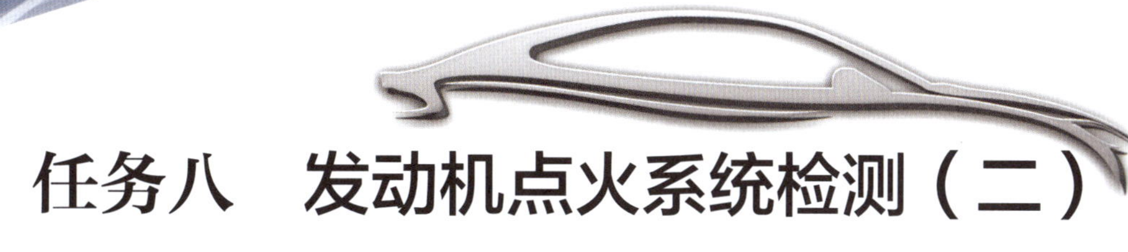

任务八　发动机点火系统检测（二）

<table>
<tr><td colspan="6">发动机点火系统检测任务工单——点火波形的检查</td></tr>
<tr><td>客户信息</td><td>姓名</td><td colspan="2"></td><td>电话</td><td></td></tr>
<tr><td rowspan="5">车辆信息</td><td colspan="2">车牌号码</td><td colspan="2">VIN 码</td><td>行驶里程</td></tr>
<tr><td colspan="2"></td><td colspan="2"></td><td></td></tr>
<tr><td colspan="3">发动机型号</td><td colspan="2">生产日期</td></tr>
<tr><td colspan="3"></td><td colspan="2"></td></tr>
<tr><td colspan="5">车辆类型：小型客车 □　中型客车 □　大型客车 □　小型货车 □　大型货车 □　牵引车 □</td></tr>
<tr><td rowspan="2">检查项目</td><td colspan="5">汽车外观与底盘检查 □　汽车底盘四合一（制动、跑偏、悬架、轴重）综合检测 □
汽车发动机性能检测 □　汽车排放系统检测 □　汽车灯光检测 □</td></tr>
<tr><td colspan="5">具体描述：</td></tr>
</table>

任务目标

- 能够对发动机点火系统进行波形检测
- 能够对发动机点火系统的波形检测结果进行分析

任务内容

- 点火系统性能检测的必要性
- 波形分析的概念及检测方法
- 点火系统波形的种类及分析

任务重点

- 波形分析的概念及检测方法
- 点火系统波形的种类及分析

任务难点

- 点火系统波形的种类及分析

一、任务准备

在下列图片中勾选出完成本任务所需的工具、仪器、设备等。

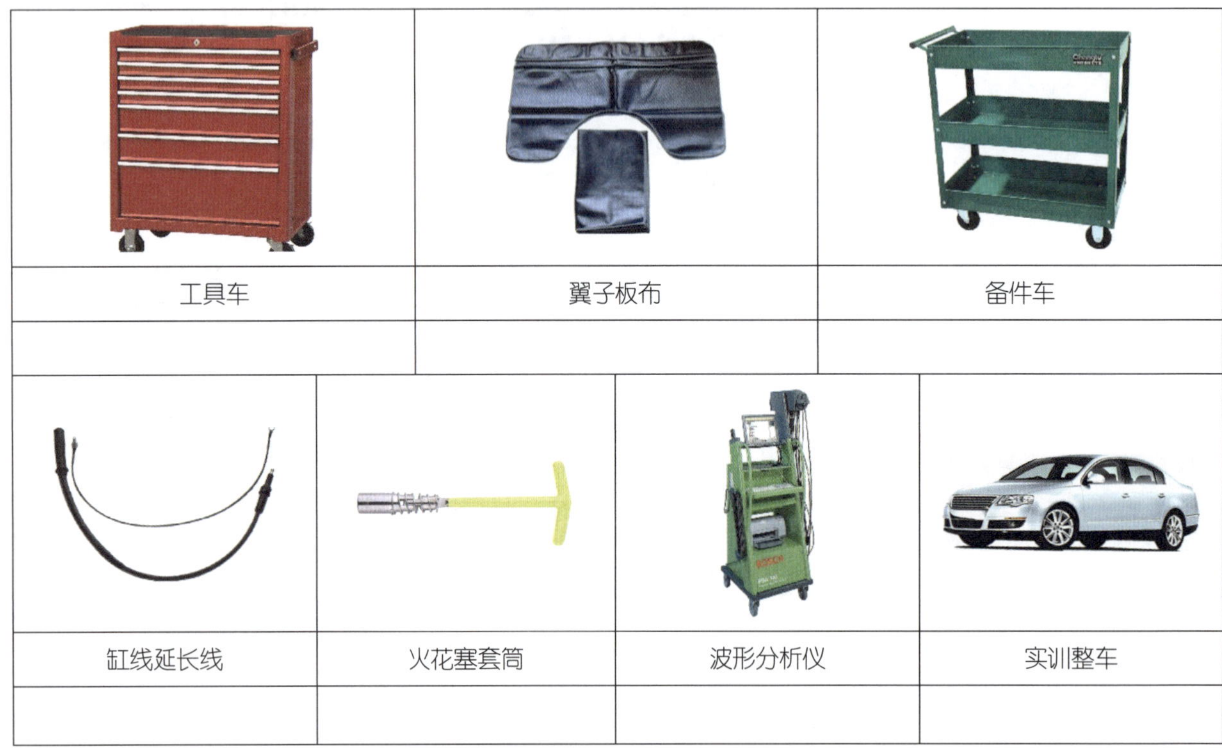

工具车	翼子板布	备件车

缸线延长线	火花塞套筒	波形分析仪	实训整车

二、防护措施

1. 确保车辆前方和后方无人员站立及物品摆放后，方可启动车辆。
2. 在使用波形分析仪时，务必按照说明书要求操作，防止损坏设备。
3. 有操作人员在发动机舱进行相关零部件拆装时，严禁启动车辆。

三、任务分配（见表 8-1）

表 8-1　任务分配表

职务	代码	姓名	工作内容
组长			
组员			

四、任务实施

（一）操作步骤（见表 8-2）

表 8-2 操作步骤

项目	操作步骤
点火波形的检查	1. 打开发动机舱盖并铺设翼子板布 2. 拆下发动机盖板，拔下点火线圈插头，分别取出各气缸点火线圈，将缸线延长线连接在点火线圈与火花塞之间并插上点火线圈插头 3. 将波形分析仪蓄电池连接电缆上的红色和黑色线夹分别夹在蓄电池的正、负极上 4. 将脉冲信号检测感应钳连接在 1 缸点火延长线上，并将次级检测传感器夹分别夹在 1 至 4 缸的点火延长线上 5. 打开波形分析仪的示波器功能，选择点火系统次级波形显示，然后启动发动机，将油温预热至 80 ℃以上，查看各个气缸的次级点火波形
点火波形的分析	1. 在波形分析仪选项中选择平列波，截取不同时间点的波形图，对比所有气缸点火系统的波形并进行分析 2. 在波形分析仪选项中选择并列波，截取不同时间点的波形图，对比所有气缸点火系统的波形并进行分析
工具整理	1. 将波形分析仪检测线束复位 2. 将发动机点火系统复位，安装发动机盖板 3. 撤去翼子板布，关闭发动机舱盖

（二）实施记录

结合任务实施过程，在表 8-3 中分别画出点火系统的平列波和并列波，并对结果进行分析。

表 8-3 实施记录

类型	波形图	分析
平列波	kV ms	

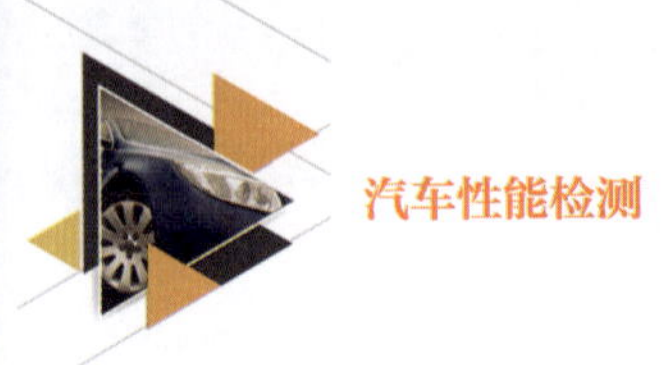

续表

类型	波形图	分析
并列波	kV ms	

五、课堂小结

____

____

____

任务九　发动机点火系统检测（三）

发动机点火系统检测任务工单——点火波形的分析					
客户信息	姓名		电话		
车辆信息	车牌号码	VIN 码		行驶里程	
	发动机型号		生产日期		
	车辆类型：小型客车 □　中型客车 □　大型客车 □　小型货车 □　大型货车 □　牵引车 □				
检查项目	汽车外观与底盘检查 □　汽车底盘四合一（制动、跑偏、悬架、轴重）综合检测 □ 汽车发动机性能检测 □　汽车排放系统检测 □　汽车灯光检测 □				
	具体描述：				

任务目标

- 能够对发动机点火系统进行波形检测
- 能够对发动机点火系统的波形检测结果进行分析

任务内容

- 点火系统性能检测的必要性
- 波形分析的概念及检测方法
- 点火系统波形的种类及分析

任务重点

- 波形分析的概念及检测方法
- 点火系统波形的种类及分析

任务难点

- 点火系统波形的种类及分析

一、任务准备

在下列图片中勾选出完成本任务所需的工具、仪器、设备等。

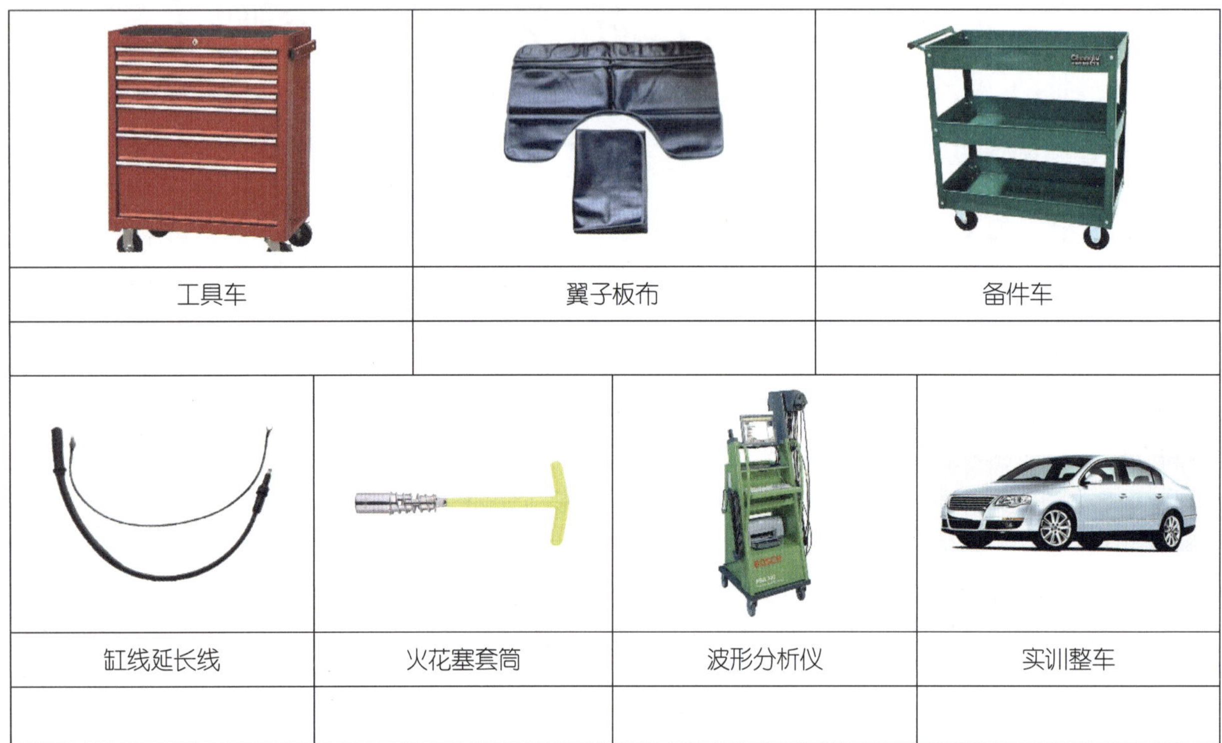

工具车	翼子板布	备件车

缸线延长线	火花塞套筒	波形分析仪	实训整车

二、防护措施

1. 确保车辆前方和后方无人员站立及物品摆放后，方可启动车辆。
2. 在使用波形分析仪时，务必按照说明书要求操作，防止损坏设备。
3. 有操作人员在发动机舱进行相关零部件拆装时，严禁启动车辆。

三、任务分配（见表 9-1）

表 9-1 任务分配表

职务	代码	姓名	工作内容
组长			
组员			

四、任务实施

（一）操作步骤（见表 9-2）

表 9-2　操作步骤

项目	操作步骤
点火波形的检查	1. 打开发动机舱盖并铺设翼子板布 2. 拆下发动机盖板，拔下点火线圈插头，分别取出各气缸点火线圈，将缸线延长线连接在点火线圈与火花塞之间并插上点火线圈插头 3. 将波形分析仪蓄电池连接电缆上的红色和黑色线夹分别夹在蓄电池的正、负极上 4. 将脉冲信号检测感应钳连接在 1 缸点火延长线上，并将次级检测传感器夹分别夹在 1 至 4 缸的点火延长线上 5. 打开波形分析仪的示波器功能，选择点火系统次级波形显示，然后启动发动机，将油温预热至 80 ℃以上，查看各个气缸的次级点火波形
点火波形的分析	1. 在波形分析仪选项中选择平列波，截取不同时间点的波形图，对比所有气缸点火系统的波形并进行分析 2. 在波形分析仪选项中选择并列波，截取不同时间点的波形图，对比所有气缸点火系统的波形并进行分析
工具整理	1. 将波形分析仪检测线束复位 2. 将发动机点火系统复位，安装发动机盖板 3. 撤去翼子板布，关闭发动机舱盖

（二）实施记录

结合任务实施过程，在表 9-3 中分别画出点火系统的平列波和并列波，并对结果进行分析。

表 9-3　实施记录

类型	波形图	分析
平列波	kV ms	

续表

类型	波形图	分析
并列波	kV ms	

五、课堂小结

任务十　发动机气缸密封性检测

<table>
<tr><th colspan="6">发动机气缸密封性检测任务工单</th></tr>
<tr><td>客户信息</td><td>姓名</td><td colspan="2"></td><td>电话</td><td></td></tr>
<tr><td rowspan="5">车辆信息</td><td colspan="2">车牌号码</td><td colspan="2">VIN 码</td><td>行驶里程</td></tr>
<tr><td colspan="2"></td><td colspan="2"></td><td></td></tr>
<tr><td colspan="3">发动机型号</td><td colspan="2">生产日期</td></tr>
<tr><td colspan="3"></td><td colspan="2"></td></tr>
<tr><td colspan="5">车辆类型：小型客车 □　中型客车 □　大型客车 □　小型货车 □　大型货车 □　牵引车 □</td></tr>
<tr><td rowspan="2">检查项目</td><td colspan="5">汽车外观与底盘检查 □　汽车底盘四合一（制动、跑偏、悬架、轴重）综合检测 □
汽车发动机性能检测 □　汽车排放系统检测 □　汽车灯光检测 □</td></tr>
<tr><td colspan="5">具体描述：

</td></tr>
</table>

任务目标

- 能够使用气缸压力表对发动机进行气缸压力检测
- 能够对气缸压力检测结果进行分析

任务内容

- 发动机气缸密封性检测的必要性
- 发动机气缸密封性检测的工具和方法
- 影响发动机气缸密封性的因素
- 发动机气缸密封性检测结果分析

任务重点

- 发动机气缸密封性检测的工具和方法
- 影响发动机气缸密封性的因素
- 发动机气缸密封性检测结果分析

任务难点

- 发动机气缸密封性检测的工具和方法
- 影响发动机气缸密封性的因素
- 发动机气缸密封性检测结果分析

一、知识讲解 1

（一）发动机气缸密封性检测的必要性

发动机气缸漏气会导致气缸压力过低、发动机运转无力、油耗增高，另外，若发动机长期处于大负荷、含有高浓度混合气的工作状况下，还会导致发动机尾气不达标，影响发动机的环保性能。当发现发动机功率下降时，可以对发动机进行气缸密封性检测，排除发动机的机械故障。

（二）发动机气缸密封性检测的工具和方法

1. 检测工具

对发动机进行气缸压力检测可快速判断气缸的密封性。气缸压力检测工具使用简单、测量方便，通常使用的气缸压力检测工具是气缸压力表。

气缸压力表（见图 10-1）是一种专用压力表，一般由表头、导管、单向阀和接头等组成。

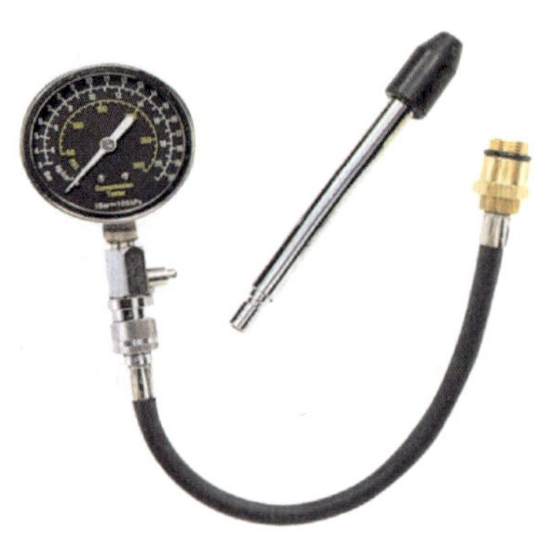

图 10-1　气缸压力表

气缸压力表接头有螺纹管接头和锥形或阶梯形橡胶接头两种，螺纹管接头可以拧在火花塞或喷油器的螺纹孔中，橡胶接头可以压紧在火花塞或喷油器孔中。

当单向阀关闭时，可保持测得的气缸压力读数（保持压力表指针位置）；当单向阀打开时，可使压力表指针回零，以便于下次测量。

2. 检测方法

（1）启动发动机并运转至发动机工作温度，检查蓄电池电压，应为 12.5 V 左右。

（2）将燃油系统泄压并拆卸所有火花塞。

（3）将气缸压力表安装到 1 缸上，打开点火开关，用起动机带动发动机曲轴旋转直至气缸压力表显示最大压力值。

（4）读取气缸压力表的读数并记录，将压力表数值清零，再次启动发动机重新测量 1 缸压力，测量三次后计算三次的测量平均值。

（5）按上述步骤（3）（4）依次检测各个气缸的压力并记录数据。

二、任务准备

在下列图片中勾选出完成本任务所需的工具、仪器、设备等。

工具车	翼子板布	备件车
火花塞套筒	气缸压力表	实训整车

三、防护措施

1. 安装气缸压力表时，应确保气缸压力表连接螺纹正确、完全拧入火花塞孔。
2. 起动机启动时间不应超过 5 s，每次启动间隔时间不得低于 15 s，以免造成蓄电池损坏。
3. 启动起动机时，应确保身体各部位远离发动机传动带，且周围无工具或其他物品，以免造成伤害或损坏。

四、任务分配（见表 10-1）

表 10-1 任务分配表

职务	代码	姓名	工作内容
组长			
组员			

五、任务实施

（一）操作步骤（见表 10-2）

表 10-2 操作步骤

项目	操作步骤
准备工作	1. 打开发动机舱盖，铺设翼子板布 2. 启动发动机并预热至工作温度，然后熄火 3. 拔出油泵熔丝，启动发动机，等待车辆自动熄火后关闭点火开关 4. 测量蓄电池电压，应为 12.5 V 左右 5. 拆下发动机盖板，拔下四个点火线圈插头，取出点火线圈，使用火花塞扳手拆下所有火花塞
气缸压力检测	1. 将气缸压力表连接在 1 缸火花塞位置，启动起动机，待气缸压力表读数上升到最大值时，停止启动，并读取气缸压力表数值 2. 将气缸压力表指针复位，重新启动起动机并读取气缸压力表数值，测量三次后，计算出 1 缸气缸压力平均值 3. 按照此方法，依次测量其他三个气缸压力的平均值并记录 4. 查阅维修手册，对比测量值与标准值是否相差过大，并对比各缸气压差值是否超出范围

（二）实施记录

结合任务实施过程，记录每次测量数据并计算各缸压力平均值，将结果填入表 10-3 中。

表 10-3 实施记录

测量值	1 缸	2 缸	3 缸	4 缸
第一次测量值				
第二次测量值				
第三次测量值				
平均值				

六、知识讲解 2

（一）影响发动机气缸密封性的因素

发动机气缸的密封性与气缸、气缸盖、气缸垫、活塞、活塞环、进气门、排气门等零件有关。这些零件在压缩终了达上止点时共同组成的密封空间称为燃烧室，检测气缸密封性就是检测发动机各缸燃烧室的密封性。在发动机使用过程中，上述零件的磨损、烧蚀、结胶、积炭等原因，都会引起气缸密封性的改变，影响发动机的正常工作。

（二）发动机气缸密封性检测结果分析

发动机气缸压力检测结果与原因分析见表 10-4。

表 10-4　气缸压力检测结果与原因分析

气缸压力检测结果	原因分析
某一气缸压力过低	1. 气缸、活塞、活塞环磨损过大 2. 活塞环对口、卡死、断裂 3. 进、排气门关闭不严 4. 气缸垫损坏不密封
相邻两气缸压力过低	两气缸相邻处的气缸垫损坏
全部或多数气缸压力过低	气缸盖下平面翘曲
气缸压力过高	燃烧室内积炭过多导致燃烧室容积变小

1. 当气缸压力的检测值低于标准值时，常根据机油具有密封作用的特点，重新检测气缸的密封性。由火花塞或喷油器孔注入适量机油（一般为 20 ~ 30 mL）后，再次检测气缸压力，并比较两次检测结果。

（1）若第二次的测量值比第一次高，且接近标准值，表明气缸密封性不良是由气缸、活塞环、活塞磨损过度或活塞环对口、卡死、断裂等原因造成的。

（2）若第二次的测量值与第一次相近，表明气缸密封性不良的原因是进、排气门或气缸垫不密封（滴入的机油难以到达这些部位）。

（3）若两次检测结果均表明某相邻两气缸压力过低，其原因可能是两缸相邻处的气缸垫损坏导致窜气。

（4）若两次检测结果均表明全部或多数气缸压力过低，其原因可能是气缸盖下平面翘曲。

2. 气缸压力高于标准值并不一定表示气缸密封性好，具体原因应结合使用和维修情况分析。这种情况有可能是燃烧室内积炭过多、气缸垫过薄或缸体与缸盖结合平面已经过多次修理加工造成的。同时，气缸压力高于标准值常会导致爆燃、早燃等不正常现象的发生。

七、二次实施

根据知识讲解 2 中的内容向气缸内注入机油后，对发动机气缸压力进行二次检测，记录检测结果，并对检测结果进行分析，填入表 10-5 中。

表 10-5　实施记录

气缸	第一次检测平均值	第二次检测平均值	结果分析
1			
2			
3			
4			

八、课堂小结

____

____

____

任务十一　发动机润滑系统压力检测

<table>
<tr><th colspan="7">发动机润滑系统压力检测任务工单</th></tr>
<tr><td>客户信息</td><td>姓名</td><td colspan="2"></td><td>电话</td><td colspan="2"></td></tr>
<tr><td rowspan="5">车辆信息</td><td colspan="2">车牌号码</td><td colspan="2">VIN 码</td><td colspan="2">行驶里程</td></tr>
<tr><td colspan="2"></td><td colspan="2"></td><td colspan="2"></td></tr>
<tr><td colspan="3">发动机型号</td><td colspan="3">生产日期</td></tr>
<tr><td colspan="3"></td><td colspan="3"></td></tr>
<tr><td colspan="6">车辆类型：小型客车 □　中型客车 □　大型客车 □　小型货车 □　大型货车 □　牵引车 □</td></tr>
<tr><td rowspan="2">检查项目</td><td colspan="6">汽车外观与底盘检查 □　汽车底盘四合一（制动、跑偏、悬架、轴重）综合检测 □
汽车发动机性能检测 □　汽车排放系统检测 □　汽车灯光检测 □</td></tr>
<tr><td colspan="6">具体描述：</td></tr>
</table>

任务目标

- 能够使用机油压力表对发动机润滑系统压力进行检测
- 能够对发动机润滑系统油压检测结果进行分析
- 能够使用机油压力表与试灯（或万用表）检查机油压力开关是否正常

任务内容

- 发动机润滑系统压力检测的必要性
- 发动机润滑系统工作情况的判断
- 发动机润滑系统油压检测方法
- 发动机润滑系统油压检测结果分析

任务重点

- 发动机润滑系统工作情况的判断
- 发动机润滑系统油压检测方法
- 发动机润滑系统油压检测结果分析

任务难点

- 发动机润滑系统工作情况的判断
- 发动机润滑系统油压检测方法
- 发动机润滑系统油压检测结果分析

一、知识讲解

（一）发动机润滑系统压力检测的必要性

发动机润滑系统的主要作用是向发动机各个运动摩擦表面提供一定压力的机油，并在润滑表面形成油膜，缓冲保护摩擦表面，减少零件的磨损。

一旦发动机润滑系统出现问题，可能导致发动机零件运动表面磨损加重、磨屑增多、摩擦表面温度升高，甚至产生粘连，从而导致发动机运转无力甚至无法运转的情况。因此，当发动机润滑系统出现故障时，应对润滑系统压力进行检测，以保证车辆正常行驶。

（二）发动机润滑系统工作情况的判断

发动机润滑系统主要靠机油泵提供一定压力的机油，经过内部油道到达各个润滑表面。因此，可采用监测润滑系统压力的方法判断润滑系统是否正常，通常通过两个压力开关装置向驾驶员提供润滑系统工作信息。

1. 低压压力开关

低压压力开关的主要作用是监测润滑系统能否满足发动机的最低润滑要求。一旦机油泵泵油能力下降或润滑油路出现泄漏，可能会导致油液无法到达润滑表面，从而导致机械损坏。

2. 高压压力开关

高压压力开关的主要作用是监测润滑系统主油压是否过高。当润滑系统中的主油道发生堵塞，机油流动性很低，无法到达各个润滑表面时，会导致主油压过高。

当发动机仪表上的机油压力指示灯点亮时，若已排除电路故障原因，则说明发动机润滑系统已出现故障，应通过对润滑系统进行油压检测来分析故障原因。

（三）发动机润滑系统油压检测方法

检测发动机润滑系统压力需要使用机油压力表，如图 11-1 所示。具体检测方法如下：

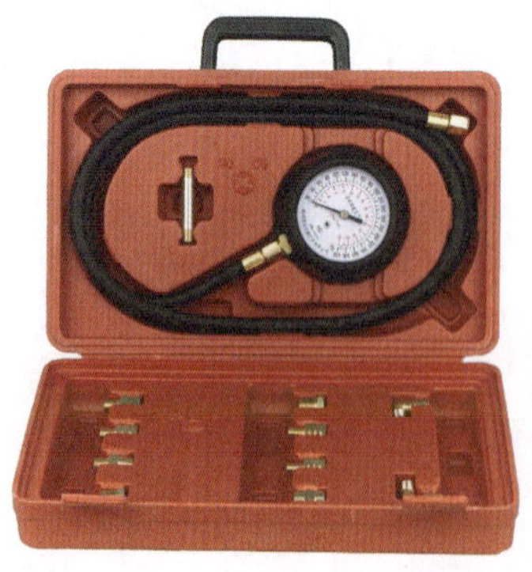

图 11-1　机油压力表

1. 启动车辆并将发动机机油预热至 80 ℃以上。

2. 拧下机油滤清器底座上的低压压力开关，并将机油压力表安装到低压压力开关位置。

3. 启动发动机并依据维修手册中的要求读取发动机怠速和相应转速时的机油压力值，数值应符合手册中的标准，见表 11-1。

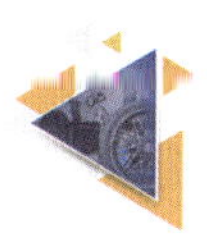

表 11-1 ×× 机油压力标准值

发动机转速	怠速转速	2 000 r/min	3 700 r/min
机油压力表示数	120 ~ 210 kPa	160 ~ 210 kPa	300 ~ 400 kPa

（四）发动机润滑系统油压检测结果分析

1. 油压过低原因分析

当检测到机油压力过低时，首先应抽出机油尺检查机油液位是否正常，如果机油量充足，可拆下机油压力开关或传感器，短时间启动车辆，观察机油开关安装孔的喷油情况。若喷油无力，则说明可能是机油集滤器或机油滤清器堵塞、旁通阀或回油阀弹簧弹力下降或折断，应依次拆检机油滤清器、旁通阀、回油阀、限压阀、集滤器、油管和机油泵；若安装孔喷油有力，则可能是机油压力传感器或压力开关损坏，主轴承或连杆轴承间隙过大导致泄油过快，应对机油压力传感器或压力开关本身及电路进行检查，注意曲轴主轴承异响、连杆轴承异响或凸轮轴轴承异响等现象，对产生异响部位进行检查。

2. 油压过高原因分析

若检测到机油压力过高，可能的原因有限压阀故障、传感器之后的油道堵塞、轴承间隙过小、机油黏度过大、机油压力表或机油压力传感器损坏等。对于新装配的发动机，若出现机油压力过高的现象，应重点检查曲轴主轴承、连杆轴承、凸轮轴轴承的配合间隙。

二、任务准备

在下列图片中勾选出完成本任务所需的工具、仪器、设备等。

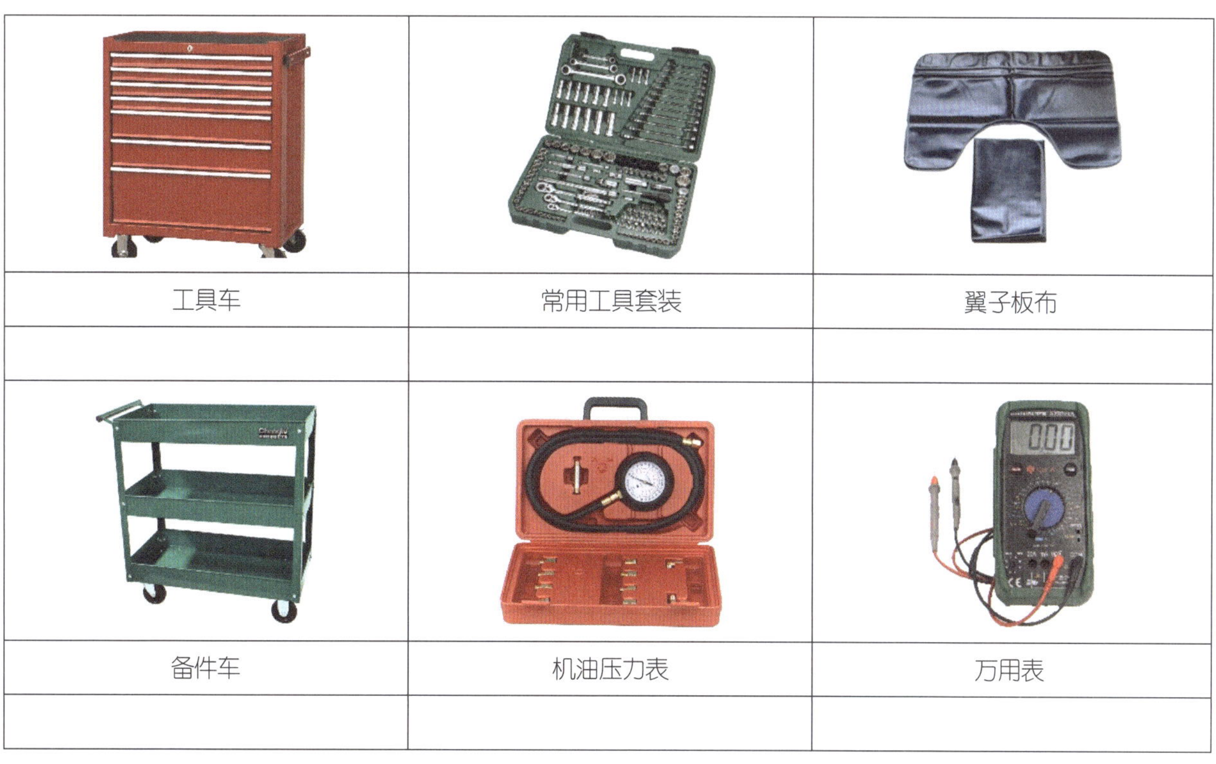

工具车	常用工具套装	翼子板布
备件车	机油压力表	万用表

抹布	试灯	实训整车

三、防护措施

1. 安装机油压力表时，应根据螺纹及螺距选择连接头，以免对压力表或发动机造成损坏。
2. 启动发动机时，压力表的摆放位置应远离发动机传动带，以免对发动机或压力表造成损伤。
3. 安装机油压力开关及压力表时应确保螺纹正确拧入螺纹孔，以免对螺纹孔造成损伤。

四、任务分配（见表 11-2）

表 11-2　任务分配表

职务	代码	姓名	工作内容
组长			
组员			

五、任务实施

（一）操作步骤（见表 11-3）

表 11-3　操作步骤

项目	操作步骤
机油压力检测	1. 打开发动机舱盖，铺设翼子板布，检查发动机机油液位是否正常 2. 启动发动机并将机油温度预热至 80 ℃，然后熄火 3. 将抹布放置于机油低压压力开关下方，拔下机油低压压力开关插头，并使用套筒工具拧下低压压力开关 4. 将机油压力表拧入低压压力开关位置，取走抹布 5. 启动发动机，目视检查机油压力表接口是否泄漏，分别读取发动机在怠速、转速 2 000 r/min 和转速 3 700 r/min 时的机油压力值，应符合手册要求

续表

项目	操作步骤
高压压力开关检查	1. 拔下高压压力开关插头，将二极管试灯连接在高压压力开关的插头与蓄电池正极之间，此时二极管试灯应不亮，若二极管试灯亮起则应更换机油高压压力开关 2. 启动发动机并缓慢加速，观察机油压力表数值变化，当机油压力表示数到达 215 ~ 295 kPa 时，二极管试灯应亮起，否则应更换高压压力开关
机油压力表拆卸（一）	1. 取下二极管试灯 2. 将抹布放置在机油压力表下方，拧下机油压力表 3. 使用 24 mm 套筒扳手安装低压压力开关并以 20 N · m 力矩拧紧，拧紧后取走抹布 4. 插入低压压力开关和高压压力开关插头，启动发动机检查压力开关是否漏油
低压压力开关检查	1. 将抹布放置在高压压力开关下方，拔下压力开关插头，取下机油高压压力开关 2. 将机油压力表代替高压压力开关拧到机油滤清器支架上，取出抹布 3. 拔下低压压力开关插头，将二极管试灯连接在低压压力开关的插头与蓄电池正极之间，此时二极管试灯应不亮，若二极管试灯亮起则应更换低压压力开关 4. 启动发动机并缓慢加速，观察机油压力表数值变化，当机油压力表示数到达 55 ~ 85 kPa 时，二极管试灯应亮起，否则应更换低压压力开关
机油压力表拆卸（二）	1. 取下二极管试灯 2. 将抹布放置在机油压力表下方，拧下机油压力表 3. 使用 24 mm 套筒扳手安装高压压力开关并以 20 N · m 力矩拧紧，拧紧后取走抹布 4. 插入低压压力开关和高压压力开关插头，启动发动机检查压力开关是否漏油

（二）实施记录

结合任务实施过程，对照表 11-4 中的项目进行检查，勾选或填写实际检查结果。

表 11-4 实施记录

机油压力检测	发动机转速	怠速转速	2 000 r/min	3 700 r/min
	机油压力值			
压力开关检查	低压压力开关	正常 □ 损坏 □		
	高压压力开关	正常 □ 损坏 □		

六、课堂小结

____

____

____

任务十二　发动机冷却系统密封性检测

<table>
<tr><td colspan="7">发动机冷却系统密封性检测任务工单</td></tr>
<tr><td>客户信息</td><td>姓名</td><td colspan="2"></td><td>电话</td><td colspan="2"></td></tr>
<tr><td rowspan="5">车辆信息</td><td colspan="2">车牌号码</td><td colspan="2">VIN 码</td><td colspan="2">行驶里程</td></tr>
<tr><td colspan="2"></td><td colspan="2"></td><td colspan="2"></td></tr>
<tr><td colspan="3">发动机型号</td><td colspan="3">生产日期</td></tr>
<tr><td colspan="3"></td><td colspan="3"></td></tr>
<tr><td colspan="6">车辆类型：小型客车 □　中型客车 □　大型客车 □　小型货车 □　大型货车 □　牵引车 □</td></tr>
<tr><td rowspan="2">检查项目</td><td colspan="6">汽车外观与底盘检查 □　汽车底盘四合一（制动、跑偏、悬架、轴重）综合检测 □
汽车发动机性能检测 □　汽车排放系统检测 □　汽车灯光检测 □</td></tr>
<tr><td colspan="6">具体描述：</td></tr>
</table>

任务目标

- 能够使用冷却系统压力测试仪对冷却系统进行压力检测
- 能够对冷却系统压力检测结果进行分析

任务内容

- 发动机冷却系统密封性检测的必要性
- 发动机冷却系统压力检测方法

任务重点

- 发动机冷却系统密封性检测的必要性
- 发动机冷却系统压力检测方法

任务难点

- 发动机冷却系统压力检测方法

一、知识讲解

（一）发动机冷却系统密封性检测的必要性

车辆发动机冷却系统的密封性能越好，其内部越不容易产生“气阻”，越能保证冷却液的流动性和散热效果。若冷却系统出现泄漏，则会在高温下导致系统压力下降，冷却液产生蒸汽形成“气阻”，同时冷却液和蒸汽从泄漏点窜出，产生“开锅”现象，发动机散热效果变差，高温下运动部位粘连，导致发动机出现活塞环卡滞、粘连，曲轴轴瓦粘连等现象，因此，对发动机冷却系统密封性的检测十分重要。

（二）发动机冷却系统压力检测方法

发动机冷却系统压力检测需要使用冷却系统压力测试仪，如图 12-1 所示。它主要由一个带压力表的打气泵和不同型号的水箱盖组成。

检测时，首先将发动机预热至工作温度，使节温器打开。然后拧下发动机散热水箱或膨胀水箱的盖子，在冷却系统压力测试仪中选择与之相同的水箱盖，拧到散热水箱或膨胀水箱上。最后将带压力表的打气泵连接到水箱或水箱盖的快速接头上，并向冷却系统中加压（100 kPa）。若在打气过程中或打气完成后压力下降，说明冷却系统存在泄漏。

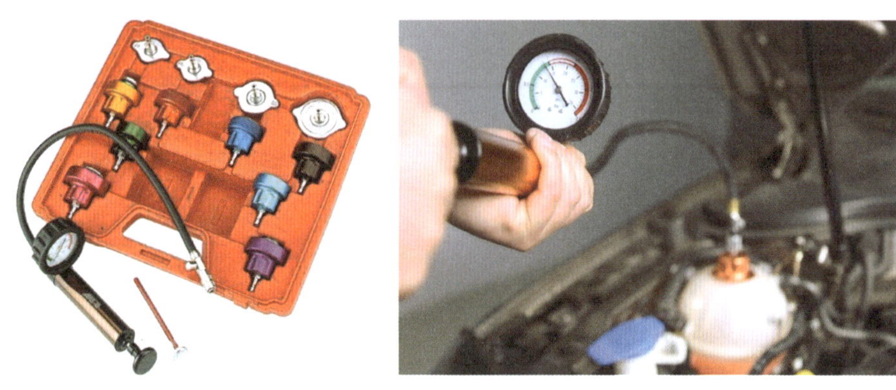

图 12-1　冷却系统压力测试仪

二、任务准备

在下列图片中勾选出完成本任务所需的工具、仪器、设备等。

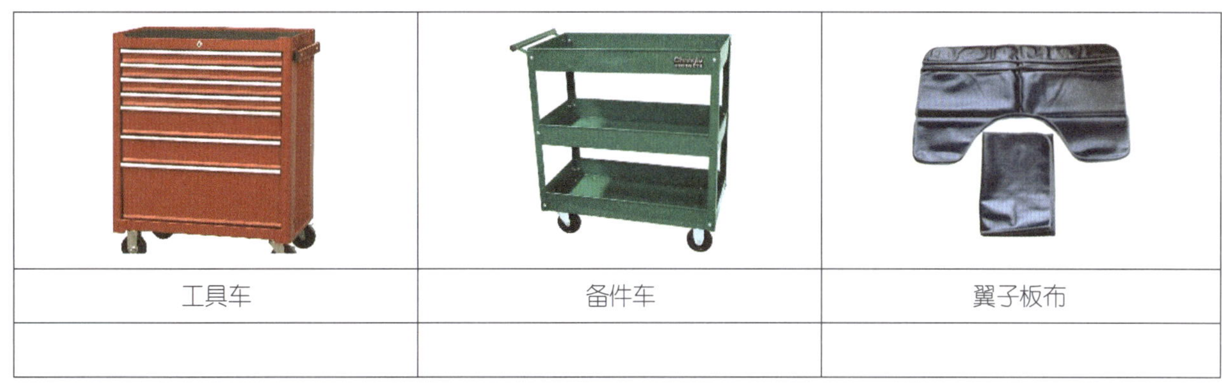

工具车	备件车	翼子板布

冷却系统压力测试仪	实训整车

三、防护措施

1. 使用冷却系统压力测试仪检测冷却系统压力时，必须将发动机预热至工作温度，确保节温器处于打开状态。

2. 拧下散热水箱或膨胀水箱的盖子时，应使用湿毛巾缓慢拧下，避免蒸汽伤人。

3. 使用打气泵向冷却系统加压时，不可过量充注，以免损坏冷却系统。

四、任务分配（见表 12-1）

表 12-1 任务分配表

职务	代码	姓名	工作内容
组长			
组员			

五、任务实施

（一）操作步骤（见表 12-2）

表 12-2 操作步骤

项目	操作步骤
冷却系统密封性能检测	1. 打开发动机舱盖并铺设翼子板布 2. 启动发动机并将发动机预热至工作温度（90 ℃左右） 3. 使用湿毛巾缓慢拧开散热水箱或膨胀水箱盖 4. 在冷却系统测试仪中选择合适的连接头拧到散热水箱或膨胀水箱上，并连接压力表打气泵 5. 使用打气泵向冷却系统中加压（100 kPa），若打气过程中或打气完成后压力下降则说明系统存在泄漏，需找出泄漏点

续表

项目	操作步骤
车辆恢复	1. 拆下压力表打气泵 2. 拧下散热水箱或膨胀水箱上的打气泵连接头 3. 将散热水箱或膨胀水箱盖拧回 4. 撤去翼子板布并盖上发动机舱盖

（二）实施记录

结合任务实施过程，记录每次测量数据，将记录与检测结果填入表 12-3 中。

表 12-3　实施记录

发动机温度	________℃	充注压力	________kPa
检测结果及分析			

六、课堂小结

____

____

____

情境三

汽车尾气排放性能检测

任务十三　汽车排放性能检测与分析（一）

<table>
<tr><td colspan="7">汽车排放性能检测与分析任务工单——检测装置的安装</td></tr>
<tr><td>客户信息</td><td>姓名</td><td colspan="2"></td><td>电话</td><td colspan="2"></td></tr>
<tr><td rowspan="5">车辆信息</td><td colspan="2">车牌号码</td><td colspan="2">VIN 码</td><td colspan="2">行驶里程</td></tr>
<tr><td colspan="2"></td><td colspan="2"></td><td colspan="2"></td></tr>
<tr><td colspan="3">发动机型号</td><td colspan="3">生产日期</td></tr>
<tr><td colspan="3"></td><td colspan="3"></td></tr>
<tr><td colspan="6">车辆类型：小型客车 □　中型客车 □　大型客车 □　小型货车 □　大型货车 □　牵引车 □</td></tr>
<tr><td rowspan="2">检查项目</td><td colspan="6">汽车外观与底盘检查 □　汽车底盘四合一（制动、跑偏、悬架、轴重）综合检测 □
汽车发动机性能检测 □　汽车排放系统检测 □　汽车灯光检测 □</td></tr>
<tr><td colspan="6">具体描述：</td></tr>
</table>

任务目标

- 能够使用尾气检测仪对发动机排放性能进行检测
- 能够对发动机排放性能检测结果进行分析

任务内容

- 发动机排放性能检测的目的
- 发动机排放性能检测的方法
- 发动机尾气污染物的生成机理
- 发动机尾气分析的基本规则

任务重点

- 发动机排放性能检测的方法
- 发动机尾气污染物的生成机理
- 发动机尾气分析的基本规则

任务难点

- 发动机排放性能检测的方法
- 发动机尾气污染物的生成机理
- 发动机尾气分析的基本规则

一、知识讲解 1

（一）发动机排放性能检测的目的

发动机排放性能检测的主要目的是减少车辆有害物质的排放，提高车辆的环保性；通过对发动机尾气成分进行检测分析，还可以诊断发动机的工作情况，提高发动机的动力；此外，通过分析尾气成分及其含量，还能分析出燃油在燃烧室内的燃烧情况，及时发现发动机存在的不正常燃烧现象，找出故障点并及时排除，提高燃油的使用效率。发动机排放性能检测需要使用尾气检测仪，如图 13–1 所示。

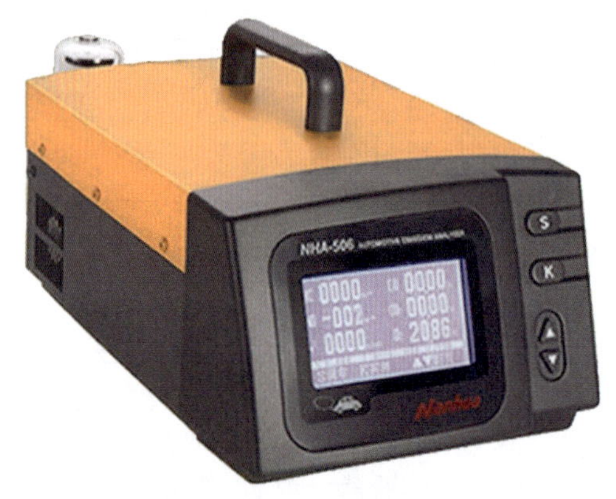

图 13–1　尾气检测仪

（二）发动机排放性能检测的方法

使用尾气检测仪对汽车发动机排放性能进行检测前，应先打开尾气检测仪进行预热，预热完毕后根据尾气检测仪的使用说明书，对尾气检测仪进行相关参数的设置，如发动机类型、标准气体校准等，然后将车辆预热至机油温度达到 80 ℃，按说明书要求开始对汽车发动机排放性能进行检测。

在对排放性能进行检测时，应测量怠速、高怠速两种情况下的尾气数据，并对测量结果进行记录。具体操作方法如下：

1. 怠速测量

（1）首先打开尾气检测仪并完成预热和相关参数设置。

（2）启动发动机并预热至发动机机油温度达到 80 ℃。

（3）使发动机快速空加速两次后回到怠速转速，并将尾气检测仪测量探头伸入发动机排气管中。

（4）测量结果显示稳定后，打印测量数据并拔出尾气检测仪的测量探头。

2. 高怠速测量

（1）怠速测量结束后，按下尾气检测仪的“清零”按钮，使尾气检测仪清零。

（2）将尾气检测仪测量探头伸入发动机排气管中，按下检测仪上的“实测”按钮，同时将发动机转速保持在 2 000 r/min。

（3）测量结果显示稳定后，打印测量数据并拔出尾气检测仪的测量探头。

二、任务准备

在下列图片中勾选出完成本任务所需的工具、仪器、设备等。

备件车	翼子板布
尾气检测仪	实训整车

三、防护措施

1. 使用尾气检测仪时，务必按照仪器的使用说明书进行操作，以免损坏仪器。

2. 进行发动机排放性能检测时，应连接室内尾气排放装置，保持室内空气清洁。若无室内尾气排放装置，或检测时无法连接室内尾气排放装置，应在检测完毕后及时关闭发动机。

四、任务分配（见表 13-1）

表 13-1　任务分配表

<table>
<tr><th>职务</th><th>代码</th><th>姓名</th><th>工作内容</th></tr>
<tr><td>组长</td><td></td><td></td><td></td></tr>
<tr><td rowspan="4">组员</td><td></td><td></td><td rowspan="2"></td></tr>
<tr><td></td><td></td></tr>
<tr><td></td><td></td><td rowspan="2"></td></tr>
<tr><td></td><td></td></tr>
</table>

五、任务实施

（一）操作步骤（见表 13-2）

表 13-2 操作步骤

项目	操作步骤
准备工作	1. 打开尾气检测仪并等待尾气检测仪完成预热，进入待机模式 2. 启动发动机并将发动机机油预热至 80 ℃
怠速测量	1. 按下尾气检测仪的“清零”按钮，使尾气检测仪清零 2. 使发动机快速空加速两次后，回到怠速，将尾气检测仪测量探头伸入发动机排气管中（伸入深度不得小于 300 mm），开始测量 3. 测量结果稳定后，记录或打印测量数据，拔出尾气检测仪测量探头
高怠速测量	1. 怠速测量结束后，按下尾气检测仪的“清零”按钮，使尾气检测仪清零 2. 将尾气检测仪测量探头伸入发动机排气管中（伸入深度不得小于 300 mm），按下“实测”按钮，将发动机转速保持在 2 000 r/min，开始测量 3. 测量结果稳定后，记录或打印测量数据，拔出尾气检测仪测量探头

（二）实施记录

结合任务实施过程，将检测结果填入表 13-3 中。

表 13-3 实施记录

检测条件	检测结果				
怠速	CO：______	CO_2：______	C_xH_y：______	O_2：______	λ（过量空气系数）：______
高怠速	CO：______	CO_2：______	C_xH_y：______	O_2：______	λ（过量空气系数）：______

六、知识讲解 2

（一）发动机尾气污染物生成机理

汽车尾气主要由二氧化碳（CO_2）、氧气（O_2）、一氧化碳（CO）、碳氢化合物（C_xH_y，在部分资料中用 HC 表示）、氮氧化合物（NO_x）等成分组成，其中一氧化碳、碳氢化合物、氮氧化合物是汽车尾气的主要有害气体。

1. 碳氢化合物的生成机理

在发动机工作过程中，混合气浓度过高的情况下，碳氢化合物主要是由不完全燃烧的汽油蒸汽蒸发产生的；在混合气浓度过低的情况下，由于缺缸，尾气中的碳氢化合物浓度也会增加。碳氢化合物还有另一重要来源，就是发动机温度过低、气缸壁过冷，使其附近的混合气（即活塞顶部与第一道环之间空隙的混合气）无法燃烧而随废气排出。碳氢化合物是燃油的主要组成部分，因此，尾气中的大部分碳氢化合物都是混合气浓度过高引起的。

2. 一氧化碳的生成机理

一氧化碳是碳氢化合物燃烧的中间产物，当燃料充分发生氧化反应时，理论上不会产生一氧化碳；当空气不足，即 *AFR*（空燃比）<14.7 或 λ（过量空气系数）<1 时，发生缺氧燃烧，中间产物一氧化碳大量产生并排放出来。

氧气不足是产生一氧化碳的主要因素，因此，一氧化碳检测常用来判断是否应进行混合气浓度的调节以及空气滤清器和喷油嘴的清洗。早期化油器车辆尾气中一氧化碳含量为 3%～4.5%，电喷车为 1%～2%，装有三元催化装置的电喷车尾气中一氧化碳的含量一般小于 0.5%。

3. 氮氧化合物的生成机理

氮氧化合物有多种类型，主要有 NO、NO_2、N_2O_3、N_2O、N_2O_5、N_2O_4、NO_3 等，其中 NO 占 95% 以上。NO 主要在发动机高负荷工况时的高温条件下，由空气中的氧和氮结合而成，当发动机温度达 800 ℃时，氮和氧结合很快，生成的 NO 浓度很高，往往达 2 000～3 000 mg/L；在普通怠速情况下，发动机负荷低，氮氧结合慢，生成的 NO 浓度低，只有 30～50 mg/L，所以怠速条件下测 NO 浓度的意义并不大。

氮氧化合物是严格监控的环保指标，降低其排放量主要依靠三元催化还原技术和降低发动机温度的废气再循环技术（EGR）。

根据发动机尾气中有害气体的生成机理，对发动机各种工作情况进行分析，可以判断有害气体生成的影响因素及原因，见表 13-4。

表 13-4 有害气体生成的影响因素及原因

有害气体	影响因素	原因
一氧化碳	进气温度和大气压力	大气压力和进气温度会影响气缸内的空气密度，当空气密度低于正常值时，一氧化碳排放量便会增加。现在的电控发动机采用了进气温度传感器和大气压力传感器，可以通过对喷油量进行修正有效减少一氧化碳的排放量
	进气管真空度	急减速时，进气管内部真空度急剧上升，导致混合气瞬时过浓，从而使燃烧恶化，一氧化碳浓度将显著增加
	怠速转速	怠速转速和尾气中的一氧化碳及碳氢化合物浓度有很大关系，怠速进气量越大，怠速转速越高。加大进气量可以保证氧气的含量，使混合气浓度降低，同时，高转速下空气流动速度加快，使气缸内混合气更容易充分混合
	发动机工况	在一定负荷的情况下，发动机转速越快，一氧化碳的排放量就会越低，如中小负荷。相反，在发动机转速较慢，空气流动速度不大且需要较浓混合气的工况下，一氧化碳的排放量便会增加
碳氢化合物	混合气浓度	碳氢化合物是燃油的主要组成部分，尾气中的大部分碳氢化合物都是混合气浓度过高引起的
	发动机温度	发动机温度过低、气缸壁过冷，导致混合气在气缸壁附近的温度降低到自燃温度以下，从而导致火焰传播在靠近气缸壁时中断，混合气无法燃烧而随废气排出
	发动机转速	发动机转速越快，碳氢化合物排放量相对就越低，这是由于气缸内混合气的扰流混合、涡流扩散及排气扰流、混合程度的增大改善了气缸内的燃烧过程，促进了气缸壁“激冷层”的后氧化，排气扰流还促进了排气管内的氧化反应

续表

有害气体	影响因素	原因
碳氢化合物	发动机负荷	发动机正常工作时，在大负荷的工况下，所需要的混合气应为浓混合气，又因大负荷的发动机转速不高，导致混合气混合不均匀，因此，碳氢化合物排放量要比中小负荷大。暖机和怠速工况下，碳氢化合物的排放量也有所增加
	发动机缸内状态	发动机某一缸失火后，导致该缸内的混合气直接排入排气管内，尾气中碳氢化合物含量增加。气缸压力过低，会导致发动机进气不足，混合气偏浓，碳氢化合物排放量增加
氮氧化合物	发动机温度和混合气浓度	氮氧化合物是在高温富氧状态下产生的有害气体。因此，发动机温度及混合气浓度对氮氧化合物的产生有较大影响
	残余废气分数	在高转速情况下，发动机气缸内的废气滞留量明显减少，残余废气分数降低，从而使得气缸内新鲜空气增多，形成富氧条件，且气缸内部温度随着转速升高而增高，导致极易产生氮氧化合物；相反，在大负荷及怠速工况下，由于混合气较浓，无法形成富氧状态，且发动机转速较慢，不易产生氮氧化合物
	点火提前角	由于点火提前角对燃烧室内的温度和压力有明显影响，因此，对氮氧化合物的产生也会有很大影响，点火提前角越大，气缸内的温度及压力就越高，氮氧化合物就更容易产生。因此，适当推迟点火提前角，有利于减少氮氧化合物的排放量，但是对发动机的动力性和经济性影响较大

（二）发动机尾气分析的基本规则

由发动机尾气污染物生成机理可知，发动机尾气中碳氢化合物及一氧化碳的生成原因相似，大多是在混合气浓度过高的情况下产生的。不同的是，碳氢化合物生成的根本原因是混合气中的燃油没有参与燃烧，直接被排出气缸，而一氧化碳生成的根本原因则是混合气中的燃油在燃烧时没有充足的氧气。废气中的氮氧化合物是在高温高压且富氧的状态下产生的，大多是在中小负荷即发动机转速较高且混合气浓度较低的情况下产生。

常见的尾气检测结果分析见表 13-5。

表 13-5　常见的尾气检测结果分析

CO	CO_2	C_xH_y（HC）	O_2	NO_x	故障原因分析
正常	正常	正常	正常	偏高	三元催化转换器故障
正常	偏高	偏低	正常	正常	点火太迟
正常	偏高	偏低	正常	偏高	氧传感器故障
正常	偏低	偏高	正常	正常	点火太早
正常	变化	变化	偏低	正常	EGR 阀漏气
偏高	很低	很低	很低	正常	空气喷射系统故障
偏低	很低	偏高	偏低	正常	混合气浓度过低
偏高	偏低	偏低	偏低	正常	排气管漏气、混合气浓度过低
偏低	偏低	偏高	偏低	正常	间歇性失火、缸压不足
偏高	很高	很高	偏低	正常	混合气浓度过高

七、二次实施

根据发动机尾气污染物生成机理，再次对发动机排放性能进行检测，并对检测结果进行讨论分析。将检测结果及分析内容填入表 13-6 中。

表 13-6 二次实施记录

检测条件	检测结果					结果分析
怠速	CO：______	CO_2：______	C_xH_y：______	O_2：______	λ（过量空气系数）：______	
高怠速	CO：______	CO_2：______	C_xH_y：______	O_2：______	λ（过量空气系数）：______	

八、课堂小结

____

____

____

任务十四　汽车排放性能检测与分析（二）

<table>
<tr><td colspan="7">汽车排放性能检测与分析任务工单——怠速测量</td></tr>
<tr><td>客户信息</td><td>姓名</td><td colspan="2"></td><td>电话</td><td colspan="2"></td></tr>
<tr><td rowspan="5">车辆信息</td><td colspan="2">车牌号码</td><td colspan="2">VIN 码</td><td colspan="2">行驶里程</td></tr>
<tr><td colspan="2"></td><td colspan="2"></td><td colspan="2"></td></tr>
<tr><td colspan="3">发动机型号</td><td colspan="3">生产日期</td></tr>
<tr><td colspan="3"></td><td colspan="3"></td></tr>
<tr><td colspan="6">车辆类型：小型客车 □　中型客车 □　大型客车 □　小型货车 □　大型货车 □　牵引车 □</td></tr>
<tr><td rowspan="2">检查项目</td><td colspan="6">汽车外观与底盘检查 □　汽车底盘四合一（制动、跑偏、悬架、轴重）综合检测 □
汽车发动机性能检测 □　汽车排放系统检测 □　汽车灯光检测 □</td></tr>
<tr><td colspan="6">具体描述：</td></tr>
</table>

任务目标

- 能够使用尾气检测仪对发动机排放性能进行检测
- 能够对发动机排放性能检测结果进行分析

任务内容

- 发动机排放性能检测的目的
- 发动机排放性能检测的方法
- 发动机尾气污染物的生成机理
- 发动机尾气分析的基本规则

任务重点

- 发动机排放性能检测的方法
- 发动机尾气污染物的生成机理
- 发动机尾气分析的基本规则

任务难点

- 发动机排放性能检测的方法
- 发动机尾气污染物的生成机理
- 发动机尾气分析的基本规则

一、任务准备

在下列图片中勾选出完成本任务所需的工具、仪器、设备等。

备件车	翼子板布
尾气检测仪	实训整车

二、防护措施

1. 使用尾气检测仪时，务必按照仪器的使用说明书进行操作，以免损坏仪器。

2. 进行发动机排放性能检测时，应连接室内尾气排放装置，保持室内空气清洁。若无室内尾气排放装置，或检测时无法连接室内尾气排放装置，应在检测完毕后及时关闭发动机。

三、任务分配（见表 14-1）

表 14-1 任务分配表

职务	代码	姓名	工作内容
组长			
组员			

四、任务实施

（一）操作步骤（见表 14-2）

表 14-2 操作步骤

项目	操作步骤
准备工作	1. 打开尾气检测仪并等待尾气检测仪完成预热，进入待机模式 2. 启动发动机并将发动机机油预热至 80 ℃
怠速测量	1. 按下尾气检测仪的“清零”按钮，使尾气检测仪清零 2. 使发动机快速空加速两次后，回到怠速，将尾气检测仪测量探头伸入发动机排气管中（伸入深度不得小于 300 mm），开始测量 3. 测量结果稳定后，记录或打印测量数据，拔出尾气检测仪测量探头
高怠速测量	1. 怠速测量结束后，按下尾气检测仪的“清零”按钮，使尾气检测仪清零 2. 将尾气检测仪测量探头伸入发动机排气管中（伸入深度不得小于 300 mm），按下“实测”按钮，将发动机转速保持在 2 000 r/min，开始测量 3. 测量结果稳定后，记录或打印测量数据，拔出尾气检测仪测量探头

（二）实施记录

结合任务实施过程和对检测结果的讨论分析，将检测结果及分析内容填入表 14–3 中。

表 14-3 实施记录

检测条件	检测结果					结果分析
怠速	CO：_____	CO_2：_____	C_xH_y：_____	O_2：_____	λ（过量空气系数）：_____	
高怠速	CO：_____	CO_2：_____	C_xH_y：_____	O_2：_____	λ（过量空气系数）：_____	

五、课堂小结

____

____

____

任务十五　汽车排放性能检测与分析（三）

<table>
<tr><td colspan="5">汽车排放性能检测与分析任务工单——高怠速测量</td></tr>
<tr><td>客户信息</td><td>姓名</td><td></td><td>电话</td><td></td></tr>
<tr><td rowspan="6">车辆信息</td><td colspan="2">车牌号码</td><td>VIN 码</td><td>行驶里程</td></tr>
<tr><td colspan="2"></td><td></td><td></td></tr>
<tr><td colspan="2">发动机型号</td><td colspan="2">生产日期</td></tr>
<tr><td colspan="2"></td><td colspan="2"></td></tr>
<tr><td colspan="4">车辆类型：小型客车 □　中型客车 □　大型客车 □　小型货车 □　大型货车 □　牵引车 □</td></tr>
<tr><td rowspan="2">检查项目</td><td colspan="4">汽车外观与底盘检查 □　汽车底盘四合一（制动、跑偏、悬架、轴重）综合检测 □
汽车发动机性能检测 □　汽车排放系统检测 □　汽车灯光检测 □</td></tr>
<tr><td colspan="4">具体描述：</td></tr>
</table>

任务目标

- 能够使用尾气检测仪对发动机排放性能进行检测
- 能够对发动机排放性能检测结果进行分析

任务内容

- 发动机排放性能检测的目的
- 发动机排放性能检测的方法
- 发动机尾气污染物的生成机理
- 发动机尾气分析的基本规则

任务重点

- 发动机排放性能检测的方法
- 发动机尾气污染物的生成机理
- 发动机尾气分析的基本规则

任务难点

- 发动机排放性能检测的方法
- 发动机尾气污染物的生成机理
- 发动机尾气分析的基本规则

一、任务准备

在下列图片中勾选出完成本任务所需的工具、仪器、设备等。

备件车	翼子板布
尾气检测仪	实训整车

二、防护措施

1. 使用尾气检测仪时，务必按照仪器的使用说明书进行操作，以免损坏仪器。

2. 进行发动机排放性能检测时，应连接室内尾气排放装置，保持室内空气清洁。若无室内尾气排放装置，或检测时无法连接室内尾气排放装置，应在检测完毕后及时关闭发动机。

三、任务分配（见表 15-1）

表 15-1　任务分配表

职务	代码	姓名	工作内容
组长			
组员			

四、任务实施

（一）操作步骤（见表 15-2）

表 15-2 操作步骤

项目	操作步骤
准备工作	1. 打开尾气检测仪并等待尾气检测仪完成预热，进入待机模式 2. 启动发动机并将发动机机油预热至 80 ℃
怠速测量	1. 按下尾气检测仪的“清零”按钮，使尾气检测仪清零 2. 使发动机快速空加速两次后，回到怠速，将尾气检测仪测量探头伸入发动机排气管中（伸入深度不得小于 300 mm），开始测量 3. 测量结果稳定后，记录或打印测量数据，拔出尾气检测仪测量探头
高怠速测量	1. 怠速测量结束后，按下尾气检测仪的“清零”按钮，使尾气检测仪清零 2. 将尾气检测仪测量探头伸入发动机排气管中（伸入深度不得小于 300 mm），按下“实测”按钮，将发动机转速保持在 2 000 r/min，开始测量 3. 测量结果稳定后，记录或打印测量数据，拔出尾气检测仪测量探头

（二）实施记录

结合任务实施过程和对检测结果的讨论分析，将检测结果及分析内容填入表 15-3 中。

表 15-3 实施记录

检测条件	检测结果					结果分析
怠速	CO：______	CO_2：______	C_xH_y：______	O_2：______	λ（过量空气系数）：______	
高怠速	CO：______	CO_2：______	C_xH_y：______	O_2：______	λ（过量空气系数）：______	

五、课堂小结

____

____

____

任务十六　汽车排放性能检测与分析（四）

<table>
<tr><td colspan="7">汽车排放性能检测与分析任务工单——检测结果的分析</td></tr>
<tr><td>客户信息</td><td>姓名</td><td colspan="2"></td><td>电话</td><td colspan="2"></td></tr>
<tr><td rowspan="5">车辆信息</td><td colspan="2">车牌号码</td><td colspan="2">VIN 码</td><td colspan="2">行驶里程</td></tr>
<tr><td colspan="2"></td><td colspan="2"></td><td colspan="2"></td></tr>
<tr><td colspan="3">发动机型号</td><td colspan="3">生产日期</td></tr>
<tr><td colspan="3"></td><td colspan="3"></td></tr>
<tr><td colspan="6">车辆类型：小型客车 □　中型客车 □　大型客车 □　小型货车 □　大型货车 □　牵引车 □</td></tr>
<tr><td rowspan="2">检查项目</td><td colspan="6">汽车外观与底盘检查 □　汽车底盘四合一（制动、跑偏、悬架、轴重）综合检测 □
汽车发动机性能检测 □　汽车排放系统检测 □　汽车灯光检测 □</td></tr>
<tr><td colspan="6">具体描述：</td></tr>
</table>

任务目标

- 能够使用尾气检测仪对发动机排放性能进行检测
- 能够对发动机排放性能检测结果进行分析

任务内容

- 发动机排放性能检测的目的
- 发动机排放性能检测的方法
- 发动机尾气污染物的生成机理
- 发动机尾气分析的基本规则

任务重点

- 发动机排放性能检测的方法
- 发动机尾气污染物的生成机理
- 发动机尾气分析的基本规则

任务难点

- 发动机排放性能检测的方法
- 发动机尾气污染物的生成机理
- 发动机尾气分析的基本规则

一、任务准备

在下列图片中勾选出完成本任务所需的工具、仪器、设备等。

备件车	翼子板布
尾气检测仪	实训整车

二、防护措施

1. 使用尾气检测仪时，务必按照仪器的使用说明书进行操作，以免损坏仪器。

2. 进行发动机排放性能检测时，应连接室内尾气排放装置，保持室内空气清洁。若无室内尾气排放装置，或检测时无法连接室内尾气排放装置，应在检测完毕后及时关闭发动机。

三、任务分配（见表 16-1）

表 16-1 任务分配表

职务	代码	姓名	工作内容
组长			
组员			

四、任务实施

（一）操作步骤（见表 16-2）

表 16-2 操作步骤

项目	操作步骤
准备工作	1. 打开尾气检测仪并等待尾气检测仪完成预热，进入待机模式 2. 启动发动机并将发动机机油预热至 80 ℃
怠速测量	1. 按下尾气检测仪的“清零”按钮，使尾气检测仪清零 2. 使发动机快速空加速两次后，回到怠速，将尾气检测仪测量探头伸入发动机排气管中（伸入深度不得小于 300 mm），开始测量 3. 测量结果稳定后，记录或打印测量数据，拔出尾气检测仪测量探头
高怠速测量	1. 怠速测量结束后，按下尾气检测仪的“清零”按钮，使尾气检测仪清零 2. 将尾气检测仪测量探头伸入发动机排气管中（伸入深度不得小于 300 mm），按下“实测”按钮，将发动机转速保持在 2 000 r/min，开始测量 3. 测量结果稳定后，记录或打印测量数据，拔出尾气检测仪测量探头

（二）实施记录

结合任务实施过程和对检测结果的讨论分析，将检测结果及分析内容填入表 16–3 中。

表 16-3 实施记录

检测条件	检测结果					结果分析
怠速	CO：______	CO_2：______	C_xH_y：______	O_2：______	λ（过量空气系数）：______	
高怠速	CO：______	CO_2：______	C_xH_y：______	O_2：______	λ（过量空气系数）：______	

五、课堂小结

____

____

____

任务十七　汽车排放性能检测与分析（五）

<table>
<tr><td colspan="6">汽车排放性能检测与分析任务工单——排放故障原因的分析</td></tr>
<tr><td>客户信息</td><td>姓名</td><td colspan="2"></td><td>电话</td><td></td></tr>
<tr><td rowspan="5">车辆信息</td><td colspan="2">车牌号码</td><td colspan="2">VIN 码</td><td>行驶里程</td></tr>
<tr><td colspan="2"></td><td colspan="2"></td><td></td></tr>
<tr><td colspan="3">发动机型号</td><td colspan="2">生产日期</td></tr>
<tr><td colspan="3"></td><td colspan="2"></td></tr>
<tr><td colspan="5">车辆类型：小型客车 □　中型客车 □　大型客车 □　小型货车 □　大型货车 □　牵引车 □</td></tr>
<tr><td rowspan="2">检查项目</td><td colspan="5">汽车外观与底盘检查 □　汽车底盘四合一（制动、跑偏、悬架、轴重）综合检测 □
汽车发动机性能检测 □　汽车排放系统检测 □　汽车灯光检测 □</td></tr>
<tr><td colspan="5">具体描述：</td></tr>
</table>

任务目标

- 能够使用尾气检测仪对发动机排放性能进行检测
- 能够对发动机排放性能检测结果进行分析

任务内容

- 发动机排放性能检测的目的
- 发动机排放性能检测的方法
- 发动机尾气污染物的生成机理
- 发动机尾气分析的基本规则

任务重点

- 发动机排放性能检测的方法
- 发动机尾气污染物的生成机理
- 发动机尾气分析的基本规则

任务难点

- 发动机排放性能检测的方法
- 发动机尾气污染物的生成机理
- 发动机尾气分析的基本规则

一、任务准备

在下列图片中勾选出完成本任务所需的工具、仪器、设备等。

备件车	翼子板布
尾气检测仪	实训整车

二、防护措施

1. 使用尾气检测仪时，务必按照仪器的使用说明书进行操作，以免损坏仪器。

2. 进行发动机排放性能检测时，应连接室内尾气排放装置，保持室内空气清洁。若无室内尾气排放装置，或检测时无法连接室内尾气排放装置，应在检测完毕后及时关闭发动机。

三、任务分配（见表 17-1）

表 17-1　任务分配表

职务	代码	姓名	工作内容
组长			
组员			

四、任务实施

（一）操作步骤（见表 17-2）

表 17-2 操作步骤

项目	操作步骤
准备工作	1. 打开尾气检测仪并等待尾气检测仪完成预热，进入待机模式 2. 启动发动机并将发动机机油预热至 80 ℃
怠速测量	1. 按下尾气检测仪的“清零”按钮，使尾气检测仪清零 2. 使发动机快速空加速两次后，回到怠速，将尾气检测仪测量探头伸入发动机排气管中（伸入深度不得小于 300 mm），开始测量 3. 测量结果稳定后，记录或打印测量数据，拔出尾气检测仪测量探头
高怠速测量	1. 怠速测量结束后，按下尾气检测仪的“清零”按钮，使尾气检测仪清零 2. 将尾气检测仪测量探头伸入发动机排气管中（伸入深度不得小于 300 mm），按下“实测”按钮，将发动机转速保持在 2 000 r/min，开始测量 3. 测量结果稳定后，记录或打印测量数据，拔出尾气检测仪测量探头

（二）实施记录

结合任务实施过程和对检测结果的讨论分析，将检测结果及分析内容填入表 17-3 中。

表 17-3 实施记录

检测条件	检测结果					结果分析
怠速	CO：______	CO_2：______	C_xH_y：______	O_2：______	λ（过量空气系数）：______	
高怠速	CO：______	CO_2：______	C_xH_y：______	O_2：______	λ（过量空气系数）：______	

五、课堂小结

____

____

____